KB269888

리어 왕

King Lear

윌리엄 셰익스피어

세계의 교양을 읽는다

고전을 왜 읽는가?

인간의 삶과 세상에 대한 영원한 물음이 있기 때문이다. 시대와 사상을 뛰어넘어 지금 여기 우리에게 필요한 물음이 없는 고전은 더이상 고전이 아니다. 인간과 삶에 대한 근원적인 물음 없이 고전을 읽는다면 자신과 인간에 대한 성찰과 지혜로 이어지지 않는다. 논술 시험 때문에, 과제물 때문에, 아니면 남들이 읽으니까, 나도 읽는다는 식이라면 그 책은 죽은 책일 수밖에 없다.

고전을 살아 있는 책으로 만드는 이 '물음!'에 답하기 위해서는 좋은 길잡이가 필요하다. 40년 이상 미국의 고교생과 대학 주니어들이 시험, 에세이 작성, 심층토론 준비를 위해 바이블처럼 애용해온 'CliffsNotes'와 'SPARKNOTES'는 바로 그런 좋은 길잡이의 표본이다. 이 두 시리즈가 원조 논술연구모임인 '일이관지(一以貫之)' 팀의 촌철살인적 해설을 곁들여 〈다락원 명작노트〉로 재탄생해 논술로 고민중인 대한민국 학생 여러분을 찾아간다.

CliffsNotes와 SPARKNOTES의 가장 큰 장점은 방대하고 난해한 고전을 Chapter별로 요약하고 분석해서 원전의 내용에 보다 쉽고 체계적으로 접근하는 신속·간편성이라고 할 수 있다. 여기에 '一以貫之'팀이 원전의 중요한 문제의식, 즉 근원적 '물음'은 무엇이며, 그 '물음'은 오늘날에도 여전히 유효한가, 라는 질문을 다시 던진다.

대입논술로 고민하고, 자칭 타칭의 고전이 넘쳐나는 오늘의 독서풍토에서 지적 정복이 긴박한 대한민국 학생들에게 감히 이 시리즈를 자신 있게 권한다.

一以貫之 논술연구모임 연구실장 이호곤

차례

CliffsNotes와 SPARKNOTES는 방대한 원작을 보다 쉽게 이해할 수 있도록 돕는 안내서입니다. 원작 이해를 돕기 위해 작가와 작품에 대한 배경지식, 그리고 매 장마다 간단한 '줄거리'와 '풀어보기'가 실려 있습니다. '줄거리'를 통해서는 원작의 내용을 명쾌하게 파악함으로써 독서의 즐거움을 느낄 수 있을 것입니다. '풀어보기'에는 원작에 담긴 문학적 경향, 등장인물의 심리상태, 시대상, 주제 등을 설명해 놓았습니다. 비판적 글읽기의 바탕이 되는 요소들이죠. 비판적 글읽기는 소설과 비소설 작품을 막론하고 책을 읽을 때 꼭 필요한 자질입니다.

그 밖에도 작품을 좀더 심오하게 분석할 수 있도록 '마무리 노트', 'Review' 등을 마련해 놓아 독자 여러분의 글읽기를 돕고 있습니다.

CliffsNotes에는 특히 관심을 갖고 읽어야 할 필수요소를 강조하기 위해 다음 네 가지 아이콘을 사용하고 있습니다.

 작품 속에 내재된 주제를 드러내줍니다.

 등장인물의 속내를 알 수 있도록 도와줍니다.

 배경, 분위기, 열정, 폭력, 풍자, 상징, 비극, 암시, 불가사의 등의 요소를 밝혀줍니다.

 단어와 문구의 미묘한 느낌을 감상할 수 있도록 해줍니다.

*〈   〉는 장편소설, 중편소설, 논픽션, 시집. "   "는 수필집, 단편소설

● 일이관지(一以貫之) 논술노트

권말에는 一以貫之 논술팀에서 작성한 논술 노트가 실려 있습니다. 원작을 우리의 삶과 연계시켜 비판적 사고와 논리적 글쓰기의 방향을 제시합니다.

● 실전 연습문제

논술예제와 기출문제를 통해서는 원작을 바탕으로 출제 가능성이 높은 논점을 함께 숙고해 봅니다.

작가
노트

작가의 생애

　　윌리엄 셰익스피어 William Shakespeare에 대한 기록은 별로 남아 있지 않기 때문에 학자들은 얼마 없는 공식문서에 기초해서 그의 일생을 조합하는 수밖에 없었다. 셰익스피어의 아버지 존 셰익스피어는 부유한 농부의 딸 메리 아든과 결혼한 해인 1557년 이전의 어느 시점에 스니터필드에서 스트랫퍼드어폰에이번으로 이사했다. 존 셰익스피어는 피혁가공업과 상업에 종사했고, 스트랫퍼드에 정착한 후에는 지방정부에서 일하기도 했다. 윌리엄 셰익스피어는 여덟 아이 중 셋째로 맏아들이었고, 1564년 4월 26일에 세례를 받은 것으로 기록되어 있다. 그의 정확한 생일은 모르지만, 오늘날 4월 23일을 탄생일로 기념하고 있다. 4월 23일은 1616년에 그가 세상을 떠난 날이기도 하다.

●학업과 결혼

　　셰익스피어가 어떤 교육을 받았는지 역시 추측만 할 수 있을 뿐이다. 그의 학교 기록이 발견된 적이 없기 때문이다. 셰익스피어는 학비가 무료였던 그래머 스쿨*인 킹스 뉴 스쿨

---

*　**그래머 스쿨**(grammar school)：16세기에 창설되어 라틴어·그리스어 문법을 가르치는 학교였으나 현재는 학력이 뛰어난 학생들의 대학진학을 준비시키는 중등학교.

에 다녔을 것으로 짐작된다. 대부분의 사내아이들처럼 셰익스피어도 4, 5세에 그래머 스쿨 부속학교에 다니기 시작했고, 7세에 킹스 뉴 스쿨로 옮겼을 것이다. 셰익스피어는 그곳에서 라틴어를 배웠을 것이다. 라틴어는 엘리자베스 여왕 시대 교육의 핵심 과목이었다. 그의 학업은 그래머 스쿨로 끝이 났다.

1582년 11월, 18세의 셰익스피어는 26세였던 앤 해서웨이와 결혼했다. 딸 수잔나가 6개월 후에 세례를 받았고, 1585년 2월 2일, 쌍둥이 햄닛과 주디스가 세례를 받았다. 햄닛은 열한 살 때 죽었다.

● **경력**

1585년 쌍둥이의 탄생에서부터 1592년 편지에 언급된 무대 성공까지의 생활에 대해서는 이렇다 할 기록이 없다. 하지만 셰익스피어가 배우나 극작가로 등장하는 기록들이 더러 있는 점으로 미루어 1587년이나 1588년의 어느 시점에 런던으로 갔을 것으로 짐작된다. 그는 '체임벌린 경의 극단'의 주주로 돈을 벌었다. 하지만 대다수의 배우와 극작가들은 귀족들의 후원금에 의지해서 살았고 셰익스피어 역시 마찬가지였다. 뒤에 셰익스피어는 1599년에 건립된 글로브 극장의 소유주 가운데 한 사람이 되었고, 1609년에 개장한 블랙프라이어스 극장에도 투자했다. 셰익스피어는 작품 대부분을 이 두 극장에서 공연하기 위해 집필했다.

작품 활동

셰익스피어는 저작물을 남기는 데는 별로 관심을 갖지 않은 듯하다. 1623년판 폴리오[*]에는 대부분의 셰익스피어 희곡들이 들어 있지만, 연대순으로 출판되지 않았고, 그 희곡들이 처음 쓰인 날짜도 기록되어 있지 않다. 학자들은 그의 생전에 출판된 쿼토[**] 판을 조사하거나 당시에 주고받은 편지, 일기 등을 참고해서 희곡들이 처음 공연된 날짜를 알아내려 하고 있다. 대체로 1600년 이전의 희곡은 역사극이나 낭만적 코미디들이고, 1600년 이후에는 비극이 주류를 이루었다. 그 무렵 나온 〈눈에는 눈 *Measure for Measure*〉 같은 코미디들은 내용이 어둡고 심각한 사회적·도덕적 문제들을 탐구하는 내용을 담고 있다.

셰익스피어가 맨 처음 쓴 희곡은 〈베로나의 두 신사 *Two Gentlemen of Verona*〉로, 1623년판 폴리오로 처음 출판되었지만, 실제로는 1590-91년에 쓴 것으로 추정된다. 〈말괄량이 길들이기 *The Taming of the Shrew*〉도 1623년 폴리오에 들어 있었지만, 1592년 내지는 그 이전에 쓰인 것으로 보인다. 그 다음 작품이 〈요크와 랭커스터 두 명문가의 싸움 제

---

* **폴리오**(Folio)：전지(全紙)를 둘로 접어 4페이지로 만든 인쇄물.
** **쿼토**(Quarto)：희곡을 넷으로 접은 종이(4절)에 인쇄했기 때문에 나온 말.

1부(헨리 4세 제2부) *The First Part of the Contention of the Two Famous Houses of York and Lancaster (The Second Part of Henry VI)*〉(1594)와 〈요크 공작 리처드(헨리 6세 제3부) *Richard Duke of York (3 Henry VI)*〉(1595)이다.

셰익스피어의 라틴어 희곡 가운데 첫 번째 작품인 복수 비극 〈타이터스 안드로니쿠스 *Titus Andronicus*〉는 1594년에 처음 인쇄되었다. 〈헨리 6세 제1부〉는 공동집필한 것으로 추측되는데, 1623년 폴리오판 이전에는 인쇄된 적이 없지만 1594-95년에 처음 공연된 것으로 추정된다. 〈리처드 3세의 비극〉이 그 뒤를 이었다.

셰익스피어는 희곡이 아닌 다른 장르로 돌아서서 긴 이야기체 시 〈비너스와 아도니스 *Venus and Adonis*〉(1593)를 출판했다. 이 작품은 셰익스피어가 직접 출판한 첫 번째 작품이다. 희곡은 극단의 재산으로, 일정치 않게 인쇄되었지만, 시 등의 작품은 어렵지 않게 출판할 수 있었다. 또 다른 이야기 시 〈루크리스의 능욕 *The Rape of Lucrece*〉은 1594년에 출판되었다. 〈실수 연발 *The Comedy of Errors*〉은 1623년에 출판되었지만, 그보다 훨씬 이전인 1594년에 처음 공연되었다. 뒤이어 〈사랑의 헛수고 *Love's Labour's Lost*〉(1594-95)와 〈보답 받은 사랑의 수고 *Love's Labour's Won*〉가 나왔다.

1600년에 〈한여름밤의 꿈 *A Midsummer Night's Dream*〉이 인쇄되었으나, 이미 1595년에 공연된 것으로 보인다. 1595년 작품으로 추정되는 〈로미오와 줄리엣의 비극 *The Most Excellent and Lamentable Tragedy of Romeo and Juliet*〉은 1597년에 출판되었다. 두 작품은 사랑과 결혼에 대한 대조적인 관점을 보여주고 있다. 뒤이어 나온 〈리처드 2세의 비극 The *Tragedy of King Richard the Second*〉은 엘리자베스 1세 생전에는 양위 장면이 삭제되었었다고 전해진다. 〈존 왕의 삶과 죽음 *The Life and Death of King John*〉(1623)은 1596년경에 쓴 것으로 추정된다. 반유대적 내용 때문에 논란의 대상이 되는 〈베니스의 상인 *The Merchant of Venice*〉(1598)은 당시 통용되던 견해를 반영한 것에 불과했다.

셰익스피어는 다시 역사로 눈을 돌려 〈헨리 4세 이야기(헨리 4세 제1부) *The History of Henry the Fourth (1 Henry IV)*〉(1598)와 코미디 〈윈저의 즐거운 아낙네들 *The Merry Wives of Windsor*〉(1597-98)을 썼다. 〈헨리 4세 제2부〉는 1600년에 인쇄되었지만, 〈핸리 4세 제1부〉를 완성한 직후에 쓴 것으로 보인다. 그는 이전처럼 역사극 다음에 코미디를 썼고, 그 작품들이 〈헛소동 *Much Ado About Nothing*〉과 〈헨리 5세의 일생 *The Life of Henry the Fifth*〉이다. 로마 역사에서 소재를 찾은 〈줄리어스 시저의 비극 *The Tragedy of Julius Caesar*〉(1623)은 1598-99년에 쓴 것으로 추정된다. 1599년 작으로 보이는 〈뜻대로 하세요 *As You Like It*〉에는 초기에 쓴 목가적 시의 영향이 드러나 있다. 이 작품을 끝으로 그는 다시는 경쾌한 낭만적 코미디를 쓰지 않는다.

〈덴마크의 왕자 햄릿의 비극 *The Tragedy of Hamlet, Prince of Denmark*〉(1600)을 계기로 셰익스피어의 작품 경향이 바뀌기 시작한다. 1년 후에 쓴 〈십이야(夜) *Twelfth Night, or What You Will*〉는 그의 코미디가 더욱 어두워졌음을 보여준다. 이 작품들은 줄거리와 등장인물들이 우습다기보다는 잔인한 경우가 많다. 1601-1602년에 쓴 〈트로일러스와 크레시다 *Troilus and Cressida*〉의 경우, 그 소재는 고대 그리스와 〈일리아드 *The Iliad*〉에서 빌려왔다. 그러나 으레 그렇듯 그는 수요에 맞게 이야기를 다시 쓰고 있다. 〈눈에는 눈〉은 어두운 코미디의 또 다른 예다. 그는 같은 시기(1603-1604)에 〈베니스의 무어인 오셀로의 비극 *The Tragedy of Othello, The Moore of Venice*〉과 〈끝이 좋으면 다 좋아 *All's Well That Ends Well*〉도 쓰고 있었다. 〈끝이 좋으면 다 좋아〉는 공인된 성(性) 역할에 대해 문제를 제기하는 복잡한 코미디이다. 〈아테네의 타이먼 *The Life of Timons of Athens*〉에서는 다시 역사에 관심을 돌린다. 이 희곡은 다른 몇 편의 희곡들과 마찬가지로 1623년 폴리오로 처음 출판되었다.

〈리어 왕 이야기 *The History of King Lear*〉 또는 〈리어 왕의 비극 *The Tragedy of King Lear*〉(1607-1608)은 두 가지 텍스트가 있어서 마주 보는 페이지에 인쇄하거나 두 텍스트를 합쳐 인쇄한다. 다음에 나온 희곡이 〈맥베스의 비극 *The*

Tragedy of Macbeth〉(1606)이다. 같은 시기에 그는 〈줄리어스 시저〉의 속편 〈안토니와 클레오파트라 The Tragedy of Antony and Cleopatra〉를 쓰고 있었다. 〈페리클레스, 티레의 왕자 Pericles, Prince of Tyre〉는 조지 윌킨스와의 합작품으로 추정된다. 〈코리오라누스 Coriolanus〉(1608)는 셰익스피어가 다시 로마 역사에서 소재를 찾은 희곡이다.

1610년 이후에 셰익스피어는 스트랫퍼드로 돌아가서 거의 은퇴생활에 들어간다. 그러나 〈(브리튼 왕) 심벨린 Cymbeline, King of Britain〉(1609-10), 〈겨울이야기 The Winter's Tale〉(1609-11), 〈템페스트 The Tempest〉(1611) 등은 그곳에서 집필했다. 그의 극작가로서의 일생은 〈모두가 진실 All Is True〉(〈헨리 8세〉로도 알려짐)(1613)과 〈고상한 두 친척 Two Noble Kinsmen〉(1613-14)을 끝으로 막을 내렸다.

셰익스피어는 희곡을 쓰면서 단시(短詩)도 썼다. 그는 작가생활 초기부터 단시를 써온 것으로 보이지만, 그것들을 1590년대와 1600년대 초에 다시 고쳐서 1609년에 단시집을 출판했다. 뒤이어 〈어느 연인의 하소연 A Lover's Complaint〉이 나왔는데, 여기 수록된 시들 역시 그 이전(1602-1605)에 쓴 것으로 보인다.

셰익스피어가 과연 이 작품들을 썼느냐에 대해 의문을 제기하는 사람들이 있지만, 극작가 셰익스피어가 엘리자베스 1세 시대의 런던에서 널리 알려진 인물이었던 것만은 분명하다. 따지고 보면, 윌리엄 셰익스피어라는 인물이 그의 창작으로 알려져 있는 작품들을 실제로 썼느냐 쓰지 않았느냐는 문제가 되지 않는다. 그 희곡들이 존재하고 우리가 그 작품들을 즐기고 있다면 그 사실로 족한 것이다.

작품 노트

작품의 개요

〈리어 왕〉은 1608년에 처음 인쇄되었다. 이것을 우리는 첫 번째 쿼토라고 부른다. 또 다른 쿼토 판이 1619년에 인쇄되었고, 〈리어 왕〉은 1623년에 나온 폴리오 판에도 수록되었다. 첫 번째 쿼토 판에는 폴리오 판에는 없는 300행이 들어 있고, 폴리오 판에는 첫 번째 쿼토 판에는 없는 100행이 실려 있다. 쿼토 판과 폴리오 판은 차이가 많기 때문에 최근에 나온 셰익스피어 작품집 가운데는 두 판의 텍스트를 모두 싣기도 하고, 첫 번째 쿼토 판과 폴리오 판을 합쳐서 종합판 텍스트를 싣기도 한다.

희곡은 1606년 12월에 공연되었고, 집필 시기는 1604년에서 1606년 사이의 어느 시점으로 잡고 있다.

리어 왕과 그 딸들의 이야기는 엘리자베스 1세 시대에 널리 알려져 있었다. 그 시절의 영국 사람들은 그것을 영국에서 실제로 있었던 사실에 근거한 이야기라고 믿고 있었다. 당시에 있었던 재판 또한 이 희곡의 소재가 되었을지도 모른다. 두 딸이 아버지의 재산을 차지하기 위해 아버지를 미친 사람으로 만들려고 했던 사건이었다. 셋째 딸 코델은 언니들의 그런 행동에 반대했다.

희곡의 등장인물과 줄거리가 그 사건과 비슷했기 때문에 사람들의 흥미를 끌었을지도 모른다.

리어 왕의 이야기는 1135년경에 출판된 지오프리의 〈브리튼 역사 *Historia Regum Britanniae*〉에 나온다. 이 책은 기독교가 들어오기 전의 브리튼 왕들에 대해 기술하고 있다. 리어 왕의 이야기는 1577년에 나온 라파엘 홀린셰드의 〈잉글랜드 연대기 *Chronicles of England*〉에 다시 등장한다. 이 책은 이야기의 결말까지 소개하고 있다. 코델리아와 리어가 언니들이 꾸민 속임수를 견디고 살아남아, 코델리아는 아버지가 죽은 후 왕위를 물려받는다. 하지만 나중에 감옥에서 자살한다. 존 히긴스가 1574년에 펴낸 〈행정관들의 귀감 *Mirror for Magistrates*〉은 올바니라는 이름을 소개하고 코델리아의 이야기도 싣고 있다. 이 책에서는 코델리아가 자살하는데, 이것은 이전의 희곡에는 없는 내용이다. 리어 왕의 이야기는 1590년에 나온 에드먼드 스펜서의 서사시 〈요정 여왕〉에서도 다뤄지고 있다. 여기서는 코델리아가 목을 매 자살한다. 등장인물 중 글로스터와 관련된 이야기는 필립 시드니 경이 1590년에 발표한 〈아카디아 *Arcadia*〉에서 따왔을지도 모른다. 이 시에서는 늙은 공작이 서출 아들에 의해 장님이 되지만 적출 아들에게 구조된다. 글로스터에게 일어나는 사건은 대부분 여기서 따온 것이다.

〈리어 왕의 진정한 연대기 *The True Chronicle of King Leir*〉는 1594년에 서적상 목록에 처음 들어갔지만, 출판 기록은 1605년판이 나올 때 비로소 등장한다. 이 원전은 기본적인 리어 이야기를 포함하고 있지만, 기독교 사상에 기초하고 있지는 않다. 기독교는 옛날의 리어 이야기나 셰익스피어의 리어에는 들어 있지 않은 사상이다. 많은 학자들은 〈리어 왕〉에서 기독교 이념의 증거를 많이 발견하지만, 셰익스피어는 다른 작품들과는 달리 기독교를 공공연하게 강조하지는 않는다. 옛날의 희곡은 악이 처벌받고 선이 보상을 받는, 따라서 하늘의 심판에 대한 기독교적 믿음을 뒷받침하는 해피엔딩으로 끝맺는다. 그러나 셰익스피어는 그런 쉬운 답을 제시하지 않고 관객들이 하느님과 하늘의 심판의 역할에 대해 곰곰이 생각하도록 내버려둔다. 다른 원전에서 줄거리를 빌려왔을 때 흔히 그렇듯, 셰익스피어는 역사와 원래의 이야기를 이리저리 엮어서 자신만의 〈리어 왕〉을 만들어내고 있다.

● 역사적 배경

셰익스피어가 〈리어 왕〉을 쓰던 시기는 영국인들이 오랜 기간에 걸친 내전과 정치적 · 종교적 혼란을 겪고 난 직후였다. 영국은 헨리 8세가 죽고 큰딸(메리 1세)이 즉위하면서 내전과 종교적 혼돈에 빠져들었다. 가톨릭과 영국 교회 사이의 갈등이 많은 인명을 앗아가는 유혈극으로 이어졌던 것이다.

메리가 세상을 떠난 후 엘리자베스 1세가 왕위에 오르면서 평화가 정착되었다. 백성들은 엘리자베스의 통치에 만족하면서도 나라의 장래를 매우 걱정했다. 엘리자베스 여왕이

미혼인데다 후계자의 선택을 거부하고 있었기 때문이다. 그들은 권력 이양을 둘러싸고 전에 벌어졌던 혼란과 분쟁이 반복되기를 바라지 않았다. 따라서 여왕의 후계자가 없다는 사실이 왕위계승을 둘러싼 분쟁으로 이어질까봐 많은 걱정을 했다. 이 문제는 엘리자베스 여왕이 1603년에 스코틀랜드의 제임스 4세를 후계자로 지명하고, 그가 결국 잉글랜드의 새 왕이 됨으로써 해결되었다.

영국인들은 강한 국가가 되기 위해서는 외세의 침략을 막아낼 지도자가 필요하다는 것을 알고 있었다. 스페인이 1588년에 영국을 침공하려 했을 때 엘리자베스가 나라를 구했는데, 그 바탕은 이전에 그녀가 영국을 통일하고 나라를 파멸시키고 있던 불화를 종식시킨 데 있었다. 어떤 통치자도 의도적으로 자기 왕국을 분할하려고 들지는 않을 것이다. 특히 그 이전에 영국이 겪은 분쟁을 목격한 사람이라면 그런 일은 결코 하지 않았을 것이다. 국가가 분열되면 국력이 약해지고 군소 영주들 간의 싸움이 빈발해 외세에 효과적으로 맞설 수 없게 된다. 오랜 불확실의 시대를 경험한 엘리자베스 1세 시대의 관객들은 자기 나라를 나누기로 한 리어 왕의 선택에 혀를 내둘렀을 것이다. 그의 결정은 결과적으로 화를 부른다.

● 희곡의 구조

〈리어 왕〉은 5막으로 된 비극이다. 엘리자베스 시대의 연극은 대부분 5막으로 구성되어 있다. 1막은 해설로, 극작가는 문제를 제기하고 주요 등장인물들을 소개한다.

〈리어 왕〉의 경우, 1막에서 코델리아와 리어, 고네릴과 리건과 리어, 글로스터와 에드거 사이에 일어나는 갈등의 성격을 확정짓는다. 1막은 또한 고네릴, 리건, 에드먼드의 이중적 성격, 그리고 그와 대비되는 코델리아와 에드거의 선량한 성격을 보여준다. 연극의 다른 주요 등장인물들 역시 모습을 드러낸다.

2막은 뒤얽힘이나 갈등이 더욱 심화되는 단계다. 리어의 권력이 약화되기 시작하고, 리어와 딸들 간의 깊은 갈등이 드러나며 고네릴, 리건, 에드먼드를 연합시키려는 음모가 이뤄진다.

3막은 전환점을 맞고 위기가 조성되는 클라이맥스이다. 이 막에서 리어는 폭풍우 속에 버려지며 그의 말을 통해 정신 역시 혼미해졌다는 것을 알게 된다. 한편, 고네릴과 콘월의 타락상도 드러난다. 그들은 글로스터를 고문하고, 두 눈을 뽑아 버린다.

4막은 연극의 결말이 시작되는 조짐을 보인다. 이 막에서 에드거는 아버지와 재회한다. 그러나 글로스터는 에드거가 아들이라는 것을 모른다. 코델리아가 리어에게로 돌아오며, 리어는 광증에서 벗어나기 시작한다. 음모자들의 몰락도 시작된다. 콘월의 죽음이 밝혀지고, 에드거는 오스월드를 죽인다.

5막은 결말이 일어나는 대단원이다. 이 막에서 갈등이 해소되고 주인공은 죽음을 맞는다. 리건과 고네릴이 죽고, 에드먼드도 형과 결투를 벌이다 죽음을 맞는다. 리어와 코델리아도 죽는다. 남은 에드거가 왕국의 평화를 회복시킨다.

●문학적 장치

대부분의 셰익스피어 비극들에는 희극적 요소가 들어 있다. 이런 요소들은 관객들에게 '숨을 돌릴 수 있는' 기회, 일종의 카타르시스를 준다. 하지만 〈리어 왕〉에는 긴장을 풀어 줄 만한 희극적 요소가 없다. 다른 비극에서라면 희극적 성격을 띠었을 광대 같은 등장인물들도 희극과는 거리가 멀다. 광대의 존재 이유는 리어를 웃기는 것이지만, 이 작품에서는 대체로 그리스 비극의 합창가무단 같은 역할을 한다. 그는 리어에게 행동의 미묘함이나 당면하게 될 위험을 지적해 준다. 다소 냉소적인 그의 연민은 전혀 우습지가 않다.

셰익스피어는 희곡에서 독백(獨白)을 중요한 문학적 장치로 사용하고 있다. 독백은 작가가 등장인물의 속내를 드러내는 방편이기 때문이다. 독백은 등장인물이 혼자 있다고 생각할 때만 가능하며, 그때를 이용해서 관객에게 속마음을 드러내는 것이다. 〈리어 왕〉에는 11개의 독백이 있고, 에드먼드가 가장 많이 한다. 그는 독백을 통해 관객들에게 자기 음모를 설명한다. 에드거 역시 독백을 통해 장차 이름을 톰으로 바꾸겠다며, 그 이유를 설명한다. 독백과 방백(傍白)은 다르다. 방백은 어떤 등장인물이 다른 등장인물이 있는 가운데 자기 생각을 소리 내서 말하는 것이다. 셰익스피어는 방백도 자주 사용한다. 이 경우 방백을 하는 등장인물은 관객을 향해 이야기하며 다른 등장인물들은 그 말을 듣지 못하는 것으로 되어 있다. 방백을 통해 관객들은 무대 위의 다른 등장인물들이 모르는 세부내용을 알 수 있게 된다. 예를 들면, 고네릴은 방백을 통해 자기가 리건을 독살했다는 사실을 관객들에게 알린다.

이중 플롯 역시 이 희곡에 등장하는 중요한 문학적 장치다. 〈리어 왕〉은 두 개의 유사 플롯을 가진 유일한 셰익스피어 비극으로, 각각의 플롯이 거의 정확하게 평행을 이루고 있다. 서로 완벽하게 뒤엉켜 있으면서 평행적 교훈을 주는 두 개의 플롯을 이용해서 인간의 법이 자연의 법보다 상위에 있을 때 초래되는 비극적 결과를 분명하게 보여준다. 글로스터와 리어는 마지막에 자연으로 돌아감으로써 자연의 법의 중요성을 깨닫고, 자녀들이 왜 그들을 배반했는지도 알게 된다. 그들의 상대역인 에드먼드와 고네릴, 리건, 콘월은 자연의 법을 어겨서 작용하는 악을 상징한다.

이중 플롯은 자연의 법을 두 플롯의 본질적인 면으로서 강조하는 중요한 기능을 한다. 셰익스피어는 두 플롯을 이용해서 자연의 법을 인정하는 것이 도덕적 사회에서 얼마나 중요한지를 지적한다. 자연의 법이 무시되면서 궁극적으로 선한 사람들도 코델리아나 그 밖의 선량한 인물들을 악의 손아귀와 폭정으로부터 구원해내지 못하는 것이다.

셰익스피어는 〈리어 왕〉에서 이중 구조를 활용하고 있다. 예를 들면, 왕에 대한 켄트의 진정한 충성은 고네릴에 대한 오스월드의 부패한 충성과 평행을 이룬다. 리어는 또한 두 명의 사위를 두고 있다. 리건의 남편은 야심을 채우는 데만 급급하는 잔인한 콘월이다. 그는 왕국의 안녕은 안중에 없고 원하는 권력을 얻기 위해 리어를 희생시키는 것도 서슴지 않는다. 고네릴과 대조되는 인물은 고네릴의 남편 올바니이다. 그는 개인적 야망이나 영예 따위에는 관심이 없으며, 왕국을 보전하고 리어의 목숨을 구하는 것이 목표다.

또 하나의 이중 구조는 프랑스 왕과 버건디 공작이다. 코델리아에게 지참금이 없을 때, 두 사람의 반응은 매우 대조적이다. 버건디는 돈과 토지, 지위가 없는 코델리아에게 흥미가 없다고 하는 반면, 프랑스 왕은 코델리아를 기꺼이 아내로 삼겠다고 한다. 코델리아야말로 그녀의 아버지가 가진 가장 큰 재산이라고 보는 프랑스 왕과 이기주의적인 버건디 공작은 좋은 대조가 된다.

셰익스피어는 이 희곡의 대부분을 약강오보격(弱强五步格)을 사용한 운문으로 썼다. 이것이 때로는 관객들에게 겁을 주기도 한다. 약강오보격은 한 줄이 10음절로 되어 있고, 쌍을 이룬 각각의 두 음절은 강하게 발음되는 음절과 약하게 발음되는 음절로 되어 있다. 대다수의 르네상스 시대 시인들이 이 형식을 사용했는데, 그 이유는 강음과 약음이 만들어내는 리듬이 시어를 더욱 아름답게 들리도록 하기 때문이었다. 셰익스피어는 산문으로 된 구절을 쓰기도 하는데, 대개는 사회적 지위가 낮은 등장인물들이 사용한다. 〈리어 왕〉에서 에드거는 톰으로 행세할 때는 산문으로, 다시 에드거로 등장할 때는 운문으로 된 대사를 구사한다.

줄거리

켄트 백작과 글로스터 백작이 대화를 나눈다. 그 대화를 통해 글로스터에게 두 아들이 있다는 것이 드러난다. 에드거는 적출의 후계자이며, 동생 에드먼드는 서출이다. 이어 리어 왕이 들어와서 인생의 의무와 걱정에서 스스로를 해방시키겠다고 선언한다. 리어는 지도를 가리키면서 왕국을 분할해 세 딸에게 나눠주겠다고 신하들에게 말한다. 그리고 어느 영토를 어느 딸에게 줄 것인지는 자기에 대한 딸들의 사랑 표현을 보고 결정하겠다고 덧붙인다. 맏딸 고네릴과 둘째 딸 리건은 아버지에 대한 자기네들의 사랑은 말로 표현할 수 없을 정도라고 과장해서 말한다. 막내딸 코델리아는 자기도 아버지를 사랑하지만, 딸이 아버지를 사랑해야 하는 만큼만 사랑할 뿐이라고 말한다. 코델리아의 사랑이 부족하다고 실망한 리어는 화를 내며 왕국을 똑같이 둘로 나눠 고네릴과 리건에게 주고 코델리아는 추방한다. 프랑스 왕이 지참금도 없이 추방되는 신세가 된 코델리아와 결혼하겠다고 말한다. 켄트가 코델리아를 옹호하려고 하자, 그도 역시 추방된다. 고네릴과 리건은 장차 리어가 성가신 존재가 되면 매정한 조치를 취하기로 한다.

한편, 에드먼드는 서출이기 때문에 불행하고 재산도 물려받지 못한다고 불평한다. 그는 재산을 가로채려는 생각에서 아버지 글로스터에게 가짜 편지를 건넨다. 그 편지는 에드거가 아버지를 죽이고 재산을 둘이 나누자고 제의하는 내용을 담고 있다. 교활한 에드먼드는 아버지에게 에드거는 믿을 수 없다는 생각을 심어준다.

얼마 후, 리어는 고네릴의 궁전으로 이사한다. 고네릴은 리어에게 아버지는 더 작은 규모의 군대가 필요하다고 말한다. 왕의 지위와 나이에 걸맞도록 행실이 바른 소규모 정예부대만 있으면 된다는 이야기다. 리어 왕은 몹시 화를 내며 신하들을 데리고 리건의 궁전으로 가겠다고 말한다. 점점 더 화가 치민 리어가 고네릴이 아이를 낳지 못하게 해달라고 저주하자 고네릴은 리어의 수행원 50명을 내쫓는다.

에드먼드는 스스로 가벼운 상처를 만들고 에드거에게 당한 것처럼 꾸민다. 글로스터는 에드거가 자기도 죽일 것이라고 확신하고 에드먼드가 후계자가 되도록 하는 방안을 강구해 보겠다고 약속한다. 숲속으로 피신한 에드거는 톰이란 이

름으로 거지 행세를 하기로 한다. 한편, 콘월은 켄트에게 족쇄가 달린 칼을 씌우라고 명령한다. 리어가 도착한다. 그는 곧 리건도 고네릴과 한통속이 되어 자기 권력을 빼앗아가려 한다는 사실을 알게 된다. 리어는 딸들에게 지금 누리는 영화가 모두 자기가 베푼 것임을 상기시키지만 딸들은 들은 척도 하지 않는다. 화가 난 리어가 말을 가져오라고 한 다음 광대만 데리고 폭풍 속으로 말을 타고 나간다. 폭풍 속에서 광대가 리어를 설득하려 하지만, 그는 누구의 밑으로도 들어가지 않겠다고, 특히 딸들의 지배를 받을 생각은 없다고 말한다. 곧 톰으로 위장한 에드거가 나타나 왕과 광대와 일행이 된다.

글로스터가 에드먼드에게 왕을 구하기 위한 계획이 꾸며지고 있다고 이야기한다. 그는 자기가 배반자에게 계획을 누설하고 있다는 사실을 모른다. 에드먼드는 곧 그 사실을 콘월에게 알리고, 즉시 보상을 받는다. 글로스터의 작위와 영지가 그의 소유가 된 것이다. 체포된 글로스터는 리건과 콘월에게 모진 고문을 당한다. 리건은 턱수염을 하나하나 뽑고, 콘월은 글로스터의 두 눈을 뽑으려고 한다. 콘월이 글로스터의 눈을 뽑을 때 콘월의 종자 한 사람이 칼을 뽑아 콘월을 찌른다. 그는 그 상처 때문에 곧 죽는다.

에드거는 눈이 먼 글로스터가 한 소작인의 집으로 인도받는 것을 보고 충격과 놀라움을 금치 못한다. 에드거는 글로스터를 그의 뜻대로 절벽으로 데려가겠다고 한다. 그는 글로스터를 속여 그가 절벽 끝에 있다고 생각하도록 만든다. 글로스터가 뛰어내려 의식을 잃자, 에드거는 아버지가 절벽에서 떨어졌지만 목숨을 건졌다고 믿게끔 한다. 오스월드가 와서 글로스터를 죽이려고 하다가 오히려 에드거에게 살해된다. 오스월드는 죽기 직전에 고네릴이 에드먼드에게 보내는 편지를 에드거에게 건넨다. 에드먼드에게 올바니를 죽이라고 지시하는 내용이다. 그래야 자기가 에드먼드와 결혼할 수 있을 것이기 때문이다.

고네릴과 에드먼드는 올바니가 변했다는 것을 알게 된다. 올바니는 프랑스가 침공하리라는 소식에 기뻐하고, 에드먼드가 글로스터의 영지와 지위를 차지했다는 사실을 알고 불쾌해 한다. 아버지의 정신병이 악화되었다는 것을 알게 된 코델리아가 아버지를 지켜줄 군대와 함께 영국으로 돌아온다. 얼마 후 코델리아는 아버지를 만난다.

올바니는 리어와 코델리아의 목숨을 구하려고 하지만, 에드먼드는 그들을 죽이기로 한다. 에드먼드는 리어와 코델리아를 감옥에 가두라고 명령한다. 올바니, 고네릴, 리건이 에드먼드와 만난다. 곧 네 사람 사이에 알력이 생긴다. 에드먼드의 속임수가 드러나고, 그는 톰과 싸우다가 상처를 입는다. 하지만 그는 톰이 형이라는 것을 알아보지 못한다. 고네릴이 리건을 독살하고 자신도 목숨을 끊는다. 임종을 맞은 에드먼드가 자신의 혐의를 시인하면서 자기를 죽이는 사람의 정체를 알고 싫어한다. 톰이 형이라고 밝히면서 아버지 글로스터가 죽었다는 소식을 전한다.

에드먼드가 마지막으로 착한 일을 하겠다면서 그와 고네릴이 리어와 코델리아를 살해하고, 코델리아는 자살한 것처럼 보이게 하려는 음모를 짰다고 실토한다. 이 명령을 취소하려고 백방으로 노력했지만 때는 이미 늦었다. 잠시 후 리어가 죽은 코델리아를 품에 안고 들어온다. 코델리아의 죽음을 받아들일 수 없는 왕은 자신도 죽어가며 몸으로 막내딸의 시신을 덮는다. 올바니가 켄트와 에드거에게 함께 왕국을 통치해야 한다고 말한다. 그러나 켄트는 주인을 따라 자기도 곧 세상을 떠나겠다고 말한다. 남은 에드거가 이 슬픈 이야기를 세상에 전한다.

등장인물

리어 왕 *King Lear* 브리튼의 왕. 공허한 아첨의 말을 믿음으로써 수많은 사람들을 죽음으로 몰아간다.

고네릴 *Goneril* 리어의 맏딸. 아버지를 깊이 사랑한다고 떠벌이지만, 아버지를 배반하고 살해하려는 음모를 꾸민다.

리건 *Regan* 리어의 둘째 딸. 고네릴과 힘을 합쳐 아버지를 파멸시킨다. 처음에는 언니보다 덜 사악해 보이지만, 그녀 역시 고네릴 못지않게 피에 굶주려 있다는 것을 드러낸다.

코델리아 *Cordelia* 리어의 막내딸. 아버지를 진정으로 사랑하지만, 입에 발린 말을 거부함으로써 추방당하고, 결국 비극적인 죽음을 맞는다.

광대 *Fool* 충성스러운 신하. 코델리아가 추방된 후, 리어의 보호자 노릇을 한다.

글로스터 백작 *Earl of Gloucester* 리어의 충실한 친구. 리어가 고네릴과 리건의 아첨에 넘어가듯, 그 역시 아들의 거짓된 말에 넘어가 일을 그르치는 어리석은 늙은이.

켄트 백작/카이우스 *Earl of Kent / Caius* 리어의 충실한 친구이며 지지자. 리어에게 추방당하지만, 왕과 가까이 있기 위해 카이우스로 변장한다.

에드거 / 가난한 톰 *Edgar / Poor Tom* 글로스터의 맏아들. 글로스터의 하나밖에 없는 적출 후계자. 하지만 아버지의 의심을 받고 도망쳐서 가난한 톰 행세를 한다.

에드먼드 *Edmund* 글로스터의 서출 작은아들. 야망을 이루기 위해 고네릴, 리건과 한패거리가 되는 기회주의자.

올바니 공작 *Duke of Albany* 고네릴의 남편. 연극이 진행되는 동안 입지가 커져 나중에는 리어를 살해하려는 아내의 음모에 저항할 힘을 갖게 된다.

콘월 공작 *Duke of Cornwall* 리건의 난폭한 남편. 리어와 글로스터를 제거하려고 하는 악하고 야만적인 인간.

오스월드 *Oswald* 고네릴의 집사. 리어에게 충성을 바치는 켄트와는 대조적으로 고네릴의 음모에 기꺼이 동참하는 공모자.

프랑스 왕 *King of France* 코델리아와 결혼한 인격자로, 아버지를 구하려는 코델리아를 기꺼이 돕는다.

버건디 공작 *Duke of Burgundy* 코델리아와 결혼하려고 했던 구혼자. 코델리아가 지참금을 잃었다는 것을 알고는 결혼을 포기한다.

쿠란 *Curan* 글로스터의 하인.

노인 *Old Man* 글로스터의 소작인.

콘월의 하인들 *Servants to Cornwall* 글로스터를 지키기 위해 콘월을 공격한다.

의사 *Doctor* 코델리아의 수행원.

등장인물 관계도

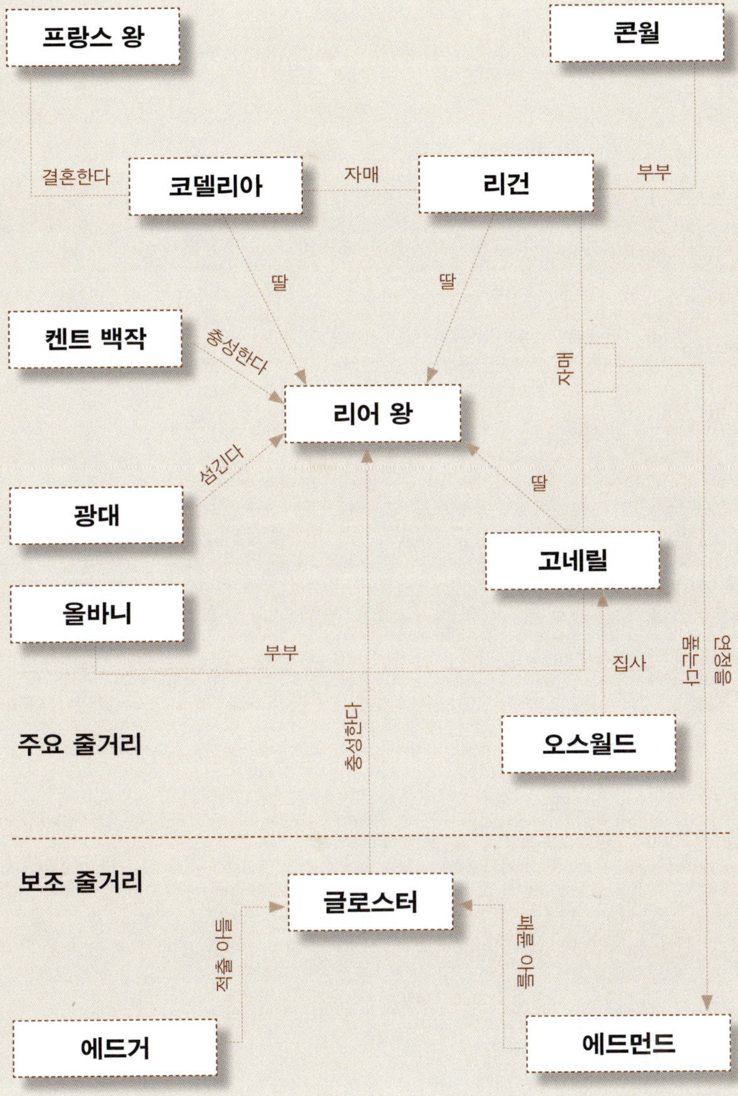

프랑스 왕
콘월
결혼한다
코델리아
자매
리건
부부
딸
딸
켄트 백작
충성한다
리어 왕
자매
섬긴다
광대
딸
고네릴
올바니
부부
집사
연정을 품는다
주요 줄거리
충성한다
오스월드
보조 줄거리
글로스터
적출 아들
서출 아들
에드거
에드먼드

Scene별
정리
노트

1막 1장

부왕의 노여움을 사는 코델리아

리어 왕의 궁정. 켄트와 글로스터, 글로스터의 아들 에드먼드가 대화를 나눈다. 왕이 왕국을 세 딸에게 나누어주려는 계획을 갖고 있다는 것이다. 관객들은 글로스터에게 두 아들이 있다는 것도 알게 된다. 큰아들 에드거는 적출의 후계자이며, 작은아들 에드먼드는 서출이다. 하지만 글로스터는 두 아들을 똑같이 사랑한다. 이러한 정보가 보조 줄거리의 배경이 된다.

팡파르가 울리면서 리어 왕이 두 사위—올바니와 콘월—와 세 딸—고네릴, 리건, 코델리아—을 대동하고 들어온다. 리어는 딸들이 자기에 대한 사랑을 표현하는 것을 보고 그에 따라 왕국을 나눠주기 위해 셋으로 분할했다고 발표한다. 맏딸 고네릴이 먼저 아버지에 대한 사랑은 한이 없다고 말한다. 둘째딸 리건은 고네릴의 사랑보다 더 크다고 말한다.

마지막으로 코델리아의 차례가 왔다. 리어의 독촉을 받은 코델리아는 딸이 아버지를 사랑해야 하는 만큼 사랑할 뿐이

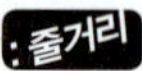

지 그 이상도 이하도 아니라고 대답한다. 그녀는 아버지에게 자기가 결혼하면 남편도 사랑해야 한다는 사실을 상기시키면서, 모든 사랑을 아버지에게만 바칠 수는 없다고 말한다. 리어는 코델리아의 대답을 아버지에 대한 사랑을 부정하는 것이라고 생각하고, 코델리아와는 이제 남남이라고 하면서 그녀에게는 아무것도 주지 않기로 한다. 이어 리어 왕은 왕국을 이등분해서 고네릴과 리건에게 한몫씩 준다.

켄트가 나서서 왕에게 성급한 결정을 재고하라고 청한다. 리어는 충고를 받아들이기는커녕 화를 내면서 코델리아를 두둔하고 왕에게 대든 죄를 물어 켄트를 추방한다.

켄트가 나가면서 프랑스 왕과 버건디 공작이 들어온다. 두 사람은 코델리아에게 구혼하러 온 것이다. 그들은 코델리아가 지참금이나 유산을 전혀 못 받게 되었다는 사실을 알게 된다. 버건디 공작은 지참금 없는 아내는 필요 없다며 구혼을 철회한다. 그와는 대조적으로 프랑스 왕은 그녀 몫의 왕국 일부가 없더라도 코델리아가 귀한 존재라며 결혼하겠다는 뜻을 분명히 밝힌다.

코델리아는 언니들에게 작별을 고하고 프랑스 왕과 함께 떠난다. 고네릴과 리건이 남아 부왕을 쫓아낼 속셈을 드러낸다.

연극은 대다수의 주요 등장인물들을 소개하고 주요 줄거리와 보조 줄거리를 제시하는 장으로 막을 올린다. 첫 장은 또한 관객들에게 추방되기 전의 켄트라는 등장인물을 소개하기 때문에 중요하다. 그는 4장에서 카이우스란 인물로 위장해서 다시 등장한다.

인물탐색 ▶ 연극이 시작되고 나오는 첫 대화에서 글로스터는 서출 아들인 에드먼드의 탄생에 대해 이야기한다. 글로스터는 서출인 에드먼드와 적출인 에드거를 똑같이 사랑하지만, 엘리자베스 여왕 시대의 사회는 두 사람을 동등한 신분으로 보지 않는다. 에드먼드는 자기가 서출인데다 둘째이기 때문에 출세의 기회가 제한되어 있다는 것을 알고 있다. 장자상속권을 인정하는 법률 아래서 에드먼드는 유산도 똑같이 받지 못할 것이다. 글로스터가 켄트에게 에드먼드가 행운을 찾아 다른 곳으로 떠났다가 이제 돌아왔다고 말한다. 아마도 이제는 행운을 집에서 찾을 수 있다고 생각하는 것 같단다.

처음에 리어는 강력한 통치자인 듯 보인다. 그는 왕국

을 나누기로 결정했다. 리어의 선택은 하나의 분명한 이점을 가지고 있다. 올바니와 콘월이 통치가 쉽지 않은 왕국의 외곽을 관할하게 되는 것이다. 리어는 코델리아에게 왕국의 중심부를 맡기고 그녀의 손님으로 그곳에 머물 계획이다. 그는 늙어간다는 사실을 깨닫고 왕국을 세 딸들에게 나눠주기로 결정한 것이다. 그는 다음과 같이 말한다.

> 노년의 걱정거리
> 힘 좋은 어깨 위로 훌훌 털어 넘겨주고
> 가벼운 마음으로 죽음 향해 천천히
> 기어갈 결심을 굳혔노라.

그러나 한 가지 이점을 바라고 내린 이 결정은 많은 문제를 일으킨다. 그는 왕권을 딸들에게 이양함으로써 집안과 왕국에 분란을 야기한다. 그 분란은 셰익스피어의 관객들이 경험한 내란과 비슷한 데가 있다. 셰익스피어가 〈리어 왕〉을 쓴 시기는 영국이 내전과 분열을 겪고 난 직후였다. 따라서 엘리자베스 1세 시대의 관객들은 왕국을 분할하겠다는 리어의 결정에 놀랐을 것이다. 그리고 셰익스피어가 프랑스 구혼자를 등장시켰다는 데 대해 의문을 가졌을 것이다. 특히 리어가 코델리아 부부에게 왕국의 심장부를 다스리도록 하려는 의도를 가지고 있었기 때문에 관객들의 의구심은 더욱 컸을 것이다.

외국인 왕이 잉글랜드를 약화시킬지도 모른다는 두려움(왕이 가톨릭신자여서 문제는 더욱 심각했다.) 때문에 리어의 행동이 관객들에게 한층 더 무책임하게 비쳤을 것이다. 그러나 리어는 정치적·사회적 혼란을 야기하는 이상의 행동을 하고 있다. 딸들에게 자신의 행복에 대한 책임까지 송두리째 맡기는 것이다. 뒤에 자기가 불행해지면 그것을 그들 탓으로 돌릴 생각이다.

인물 탐색 더욱이 리어가 딸들의 사랑을 측정하기 위해 생각해낸 검사법은 아주 잘못된 것이다. 어쨌든 그는 여러 해 동안 나라를 온전하게 꾸려왔기 때문에 현명한 통치자로 묘사되고 있다. 그러나 그는 딸들의 거짓됨을 탐지해낼 능력이나 상식이 결여되어 있다. 이 결점으로 인해 관객들은 그를 미친 사람 또는 어리석은 사람으로 생각한다.

문학적 장치 사랑 테스트는 셰익스피어가 원전으로 삼고 있는 문헌에 들어 있는 것이다. 그가 주된 원전으로 삼은 것은 작자 미상의 희곡 〈리어 왕의 진정한 연대기〉다. 이 희곡에서는 사랑 테스트가 코델리아를 결혼시키는 속임수로 사용된다. 결과적으로 이 테스트는 플롯을 전개시키기 위한 방편으로 따온 것에 불과하다. 여러 원전들은 이 이야기가 기원전 800년경에 일어난 사건에 기초한다고 말하지만, 〈리어 왕〉이 역사적 사실에 근거를 두고 있지 않다는 점을 염두에 두어야 한다. 〈리어 왕〉은 동화로 보는 쪽이 더 정확한 해석일 것이다. 여러 면에서 고네릴과 리건은 신데렐라의 사악한 언니들과 비슷하다.

고네릴과 리건의 사랑 표현은 너무 지나쳐서 이성적이라고 판단하기에는 무리가 있다. 코델리아의 대답은 정직하다. 그러나 아첨이 난무하는 속에서 리어는 정직함을 알아보지 못한다. 그는 아첨받기를 열망하기 때문이다. 물론 그가 코델리아에게 "언니들 몫보다 더 풍요로운 3분의 1의 왕국을 얻기 위해 넌 무슨 말을 할 수 있느냐?"고 물을 때, 리어 역시 정직하지 못하다. 리어는 언니들보다 큰 몫을 주어 코델리아를 기쁘게 할 계획이었다. 몫은 똑같아야 하지만 그는 분명히 코델리아를 더 사랑하고 있었던 것이다. 코델리아는 '아무것도 없다'고 대답하는데, 이 말은 재앙을 함축하고 있다. 그 말은 희곡에서 몇 차례 더 나타나면서 그 중요성을 강조하며, 끝부분에서 그녀가 죽을 때도 다시 울린다. 그녀는 '아무것도 남기지 않고' 사라지지만 리어가 딸들에 대해 '아무것도' 이해하지 못했다는 사실 또한 기억해야 한다. 글로스터 역시 아들들에 대해 '아무것도' 알지 못했다. 글로스터는 '아무것도' 보지 못할 때, 마침내 진실을 볼 수 있게 된다. 그리고 리어는 정신의 쇠퇴라는 '무의 세계'에서 벗어나면서 비로소 코델리아가 항상 자기를 사랑했다는 것을 알게 된다.

코델리아는 리어를 혈육인 아버지를 섬기는 딸로서 사랑한다. 그녀의 대답은 엘리자베스 시대의 사회적 규범과 일치한다. 딸은 당연히 아버지를 사랑해야 한다. 그것이 자연의 법칙이기 때문이다. 자연법칙에 따라 인간은 하느님에서 왕, 아버지, 자녀로 이어지는 계층조직의 일부가 된다. 이들 구성원 간의 사랑은 상호적이다.

코델리아는 아버지가 딸에게서 받을 수 있는 영예를 가식 없이 단순하게 언급한다. 리어는 비이성적인 반응을 보인다. 코델리아에 대한 모든 애정과 아버지로서의 보살핌을 거부하는 것이다.

켄트가 코델리아의 편을 들자 리어는 다시 한 번 진노한다. 코델리아와 마찬가지로 켄트도 왕을 솔직하게 대한다. 왕이 실수를 범하는 것을 알고 이성의 목소리를 내는 것이다. 켄트에게 리어가 심하게 노하는 것은 왕은 잘못을 범할 수 없다고 생각하는 지나친 자만심 때문이다. 코델리아의 대답 역시 그 자만심에 상처를 주었다. 막내딸에게 최상의 영토를 주는 행위를 정당화하기 위해서는 막내딸로부터 지나칠 정도의 사랑 표현이 나와야 한다. 리어가 켄트에게 보이는 진노는 왕의 정서가 불안하다는 것도 암시한다.

코델리아의 두 구혼자가 첫 장에서 극의 소재를 더 많이 마련해 준다. 버건디 공작은 지참금 없는 코델리아를 사랑할 수 없지만, 프랑스 왕은 그녀가 어떤 지참금보다 더 귀한 존재라며 버건디가 자기 이익만을 추구하는 이기적인 죄를 범하고 있다고 지적한다.

가장 고운 코델리아, 가난하나 최고 부자,

버림 멸시 받았으나 최고 선택 사랑 받은

그대와 그대 미덕 이제 내가 취하리다.

내버린 걸 줍는 게 합법적인 일이라면.

문학적 장치 이 장의 마지막 부분은 코델리아가 언니들이 거짓말쟁이라는 것을 알고 있음을 드러낸다. 관객들에게 그들의 부정직을 알려주는 것이다. 고네릴은 코델리아가 마땅히 추방되어야 한다고 대답한다. 이 가시 돋친 대화가 앞으로 전개될 싸움을 예고한다. 리어가 너무 귀찮은 존재가 되면 그를 적당히 대하자는 고네릴과 리건의 약속도 극의 전개 방향을 암시한다. 첫 장은 아버지가 나이 탓으로 약해지기도 했지만, 자신과 딸들도 제대로 알지 못하고 있었다는 리건의 말로 끝난다. 리건의 불평은 리어와 딸들의 관계에 대해 많은 것을 보여준다. 그는 코델리아를 편애함으로써 큰딸들과는 관계가 소원해졌던 것이다. 리어는 고네릴과 리건의 속임수를 알아차리지 못한다. 그들의 부정직을 눈치 챌 만큼 그들을 알지 못하기 때문이다. 코델리아를 편애한 나머지, 큰딸들과는 진정한 사랑의 관계를 형성할 수 없었던 것이다.

주제 탐색 1장은 두 아버지와 그들의 자녀들과의 관계에 초점을 맞추는 주요 플롯과 보조 플롯을 제시하고 있다. 관객들은 장차 아버지와 자녀 간의 갈등, 그리고 자녀에게 쉽사리

속는 아버지들을 보게 될 것이다. 그리고 리건의 말이 얼마나
정확한지를 입증할 것이다. 고네릴과 리건이 리어의 수행원
규모와 권력을 제한하려고 할 때, 리어가 딸들을 알지도 이해
하지도 못하고 있다는 것이 분명해진다.

1막 2장

에드먼드의 흑심이 고개를 들고

에드먼드가 글로스터 백작의 집으로 들어오며 독백을 한다. 이 독백에서 에드먼드는 사회가 왜 자기를 형 에드거보다 저급하게 보는지 자연을 향해 묻는다. 적출 소생 맏아들이 아니라는 단 한 가지 이유 때문에 자기를 천하게 보는 것은 부당하다는 것이다. 그리고 위조된 편지로 아버지를 속여 형의 자리를 빼앗겠다는 속셈도 드러낸다. 그는 위조 편지를 글로스터에게 건넨다.

에드먼드는 또한 에드거에게 자기가 형의 안전에 몹시 신경을 쓰고 있다고 확신시키는 데 성공한다. 그는 에드거에게 아버지가 분노하고 있으니 무기를 소지하고 있는 편이 좋을 것이라고 하면서, 그 분노는 자기를 향한 것이라고 넌지시 말한다.

에드먼드의 독백을 통해 관객들은 그가 불행하다는 것을 알게 된다. 에드먼드는 똑같이 사랑을 받는 형제는 유산도 균등하게 물려받아야 마땅하다고 생각하고 있다. 그러나 당대의 법 아래서는 평등성이 보장되지 않는다. 에드먼드는 이런 현실이 달갑지 않다. 그는 자기가 형만큼 존경을 받지 못할 이유가 없다고 생각한다.

내 몸매는 정숙한 부인의 자식과
다름없이 잘 빠졌고, 기상은 고귀하며
모습도 빼닮았는데? 왜 우리를 천하다고
낙인찍지? 천하다고, 천해?

주제 탐색 에드먼드는 국가와 사회의 법을 배격하고 자기가 보기에 더욱 실용적이고 유용한 법, 즉 교활함과 힘이 지배하는 법을 선호한다. 원하는 것을 차지하려는 에드먼드의 의지는 자연의 법칙에 부합하는 듯이 보이지만, 계급 사회였던 당시의 관객들에게 익숙한 자연스런 법은 아니다. 에드먼드는 적자생존, 그리고 인간의 도덕과 덕성과는 거리가 먼 동물적 본능을 지지한다. 비록 타고난 신분상으로는 자격이 없더라도 지혜로는 자격이 되는 것이 있다면 그것을 차지하겠노라고 말한다. 이런 결심은 그가 독백에서 언급하는 자연에 대한 모독이다. 그는 자연의 힘을 과소평가함으로써 결국 몰락한다.

인물 탐색 에드먼드는 이기적인 욕구 충족에 혈안이 된 양심도 없는 악한인 듯 보인다. 그러나 그는 셰익스피어가 창조한 또 한 사람의 악한 이야고가 지닌 악의는 없다. 이야고는 에드먼드와 자주 비교되는 인물이다. 〈오셀로〉에서 이야고는 뚜렷한 이성이 없이 행동한다. 그의 행동 동기라고 생각할 수 있는 것들은 세밀히 분석해 보면 그 타당성을 잃는다. 그와는 대조적으로 에드먼드의 행동에는 분명한 경제적·정서적 이유가 있다. 에드먼드는 "재미를 보다가 그 애가 생겼다"는 아버지의 말을 엿들었을지도 모른다. 그렇다면 그의 행동은 복수욕이 드러난 결과라고도 할 수 있다.

글로스터가 에드먼드의 출생에 관해 갖는 호방한 태도는 에드먼드와 에드거의 차이를 더욱 부각시킨다. 에드거는 아버지의 이름과 지위, 재산을 물려받을 자격이 있지만, 에드먼드에게는 출생에 얽힌 수치스런 농담 외에 돌아올 것이 아무것도 없다.

글로스터는 작은아들이 출생 배경과 미래의 전망에 대해 분개할 수도 있다는 가능성을 하찮게 여긴다. 그러나 에드먼드는 아버지의 생각 없는 말에서 그를 파멸시킬 이유를 발견한다. 그는 복수를 계획하면서, 녹록치 않은 인물임을 드러낸다. 하지만 그 복수심은 대부분 글로스터의 말에 대한 감정적 반응의 결과다. 〈오셀로〉에서 이야고는 장난삼아 일을 꾸미는 과정에서 자기가 주위 사람들보다 머리가 좋다는 것을 스스로에게 입증한다. 그와 대조적으로 에드먼드는 자기 처지에 대해 진지하고 이성적으로 반응한다. 그의 행동은 결코 장난삼아 하는 것이 아니다.

이 장에서는 특히 언어에 주목할 필요가 있다. 셰익스피어는 '보는 것'에 대한 이야기를 늘어놓고 있는데, 사실 글로스터는 장님이 될 때까지 제대로 보는 것이 없다. 그는 에드먼드의 편지에 중요한 내용이 없으면, '안경이 필요 없을지도 모른다'고 말하지만 안경을 쓰고도 아들이 자기를 속이고 있다는 것을 모른다. "어디 보자, 어디 보자" 하며 읽으면서도 부정직을 알아차리지 못한다. 이처럼 글로스터는 에드먼드의 동기를 제대로 보지 못함으로써, 이미 그 주위에서 전개되는 사악한 사건들에 눈멀어 있는 것이다.

에드먼드는 위조 편지에서 아버지의 연령을 탓한다. 노인들은 물러나고 젊은 사람들에게 지배권을 넘겨주어야 한다고 주장하는 것이다. 글로스터는 아들들이 유산을 받지 못하도록 지배권을 유지하려고 하는 늙은 폭군으로 묘사되고 있다.

이 장면은 관객들에게 고네릴과 리건이 리어의 행동을 주변상황도 파악 못하는 노인의 행동으로 치부하던 일을 상기시킨다. 리어가 무고한 코델리아를 비난했던 것과 똑같이, 글로스터도 이 거짓된 편지에 대해 전혀 모르는 애꿎은 에드거를 비난한다. 얄궂게도 편지가 전하는 내용—노인은 교체되어야 한다—이 글로스터에게는 진실임이 입증된다. 그는 주위에서 일어나는 음모와 행위를 제대로 이해할 만한 육감과 재빠른 인식능력이 없기 때문에 에드먼드의 속임수에 빠져들고 만다.

글로스터는 현재 일어나는 사건들에 해와 달이 한몫을 한다고 주장한다. 그는 자기 행동의 책임을 스스로 지려 하지 않고 별들에게 떠넘기려고 하는 것이다. 이처럼 별이 보여주는 조짐에 의지하기 때문에, 에드거가 자기를 배반할지도 모른다고 더욱 쉽사리 의심하게 된다. '최근에 일어난 일식과 월식은 나쁜 일이 일어날 조짐'이라는 그의 말은, 별이 인간의 삶에 영향을 끼친다는 리어의 말과 같은 맥락이다. 두 아버지가 자녀들의 행동 원인을 별들에서 찾는 것이다. 하지만 에드먼드는 별들이 보여주는 조짐에 대해 나름대로의 견해를 가지고 있다. 뭐든 일이 잘못 되면 별이나 천체의 탓으로 돌리는 것은 자기 책임을 면해 보려는 수작에 불과하다는 것이다.

에드먼드는 사람은 자기 행동에 대해 궁극적인 책임을 져야 한다는 점을 인정하고 있다. 그는 관객들의 생각을 효과적으로 좌지우지해 아버지의 신념과 행동이 어리석게 보이도록 하는 데 성공한다. 별의 조짐에 의존하는 글로스터의 행동은 아버지가 정신 나간 늙은이라는 에드먼드의 주장을 뒷받침하는 것처럼 보인다.

에드먼드는 에드거도 쉽게 속인다. 에드거가 별의 조짐을 믿어서가 아니라 그의 정직성과 고결함이 에드먼드의 거짓말을 쉽게 받아들이고 의심하지 않도록 하기 때문이다. 에드거는 동생이 자기에게 거짓말을 하리라고는 상상조차 하지 못한다. 자기도 동생에게 거짓말할 생각이 추호도 없기 때문이다. 에드먼드는 힘들이지 않고 아버지를 사랑하는 에드거로 하여금 아버지에 대항해서 무장을 해야 한다고 믿게끔 만든다.

글로스터와 리어는 자연의 법이 인간의 법보다 우위라는 기본 율법을 위반했다는 것을 알아차리면서 자연법의 중요성을 알게 된다. 두 사람은 결국 자연으로 눈을 돌림으로써 자녀들이 왜 그들을 배반했는가에 대한 해답을 찾게 되는 것이다. 그들의 상대인 에드먼드, 고네릴, 리건, 콘월은 자연의 법을 위반해서 행동하는 악을 대변하는 인물들이다.

1막 3장

본색을 드러내는 고네릴

고네릴과 올바니 공작의 궁전. 고네릴이 집사 오스월드에게 묻는다. 왕의 광대를 조롱했다며 리어가 오스월드를 때렸느냐는 것이다. 오스월드가 그런 일이 있었다고 대답한다. 그 말을 듣고 화가 난 고네릴이 오스월드에게 리어가 무언가를 필요로 할 때 선뜻 내주지 말고 기다리게 하라고 이른다. 왕이 그런 대접에 불쾌해 하면 리건의 궁으로 옮겨가라고 말하겠다는 것이다. 고네릴은 이어 하인들에게 왕의 경호원들을 냉랭하게 대하라고 명령한다. 기사들의 난잡한 행동이 그녀의 집안에 혼란을 불러일으키고 있다는 것이다.

1막의 끝부분에서 고네릴은 아버지가 방해가 된다면 그에 상응해서 그를 대하겠다고 다짐했었다. 3장에서 고네릴은 그때의 다짐대로 행동한다. 그녀는 왕과 수행원들의 요구에 부응하기를 거부한다. 이제 주도권은 그녀에게 넘어갔고, 리어는 다시는 지배권을 되찾지 못한다. 리어는 자기가 왕이라고 생각할지 모르지만, 고네릴은 그를 비틀거리는 늙은 바보로 보고 '쓸모없는 늙은이'라고 부른다. 고네릴은 아버지를 각별히 잔인하고 냉정하게 대한다. 왕국의 절반을 얻기 위해 떠벌였던 사랑과 존경은 눈곱만큼도 찾아볼 수 없다.

이 장에서 고네릴은 본성을 드러낸다. 그녀는 딸들은 아버지를 존경하고 공경해야 한다는 자연의 계층질서에 도전한다. 그녀는 리어의 여생을 괴롭히게 될 고통의 초석을 놓는다. 고네릴의 입장에서 보면, 리어는 가난한 손님이다. 그녀는 아버지는 끊임없이 불평만 늘어놓고 기사들은 소란을 피운다고 항의한다. 그녀는 집사 오스월드에게 고분고분 물품을 내주지 말라고 지시함으로써 버릇없는 손님들에게 징벌을 가하고 있다. 이 시점에서 아버지와 딸은 각기 잘못이 있다. 하지만 고네릴이 아버지로 하여금 아버지에 대한 자기 사랑이 한이 없다고 믿게끔 했으므로 궁극적으로 리어의 행동은 그녀의 책임이라고 할 수 있다. 전에는 그런 행동을 용인했었기 때문이다.

이 장에서 오스월드라는 인물이 처음 등장한다. 그는 통상적인 안주인과 집사의 관계를 뛰어넘는 존재임이 분명하다. 고네릴이 오스월드에게 왕에게 무례하게 대할 수 있는 권한을 부여하는 것으로 보아 단순한 하인의 신분은 아닌 것으로 보인다. 이 장은 고네릴이 오스월드가 왕의 광대를 나무랐느냐고 묻는 말로 시작하는데, 그런 행동은 하인이 감히 할 수 없는 것이다. 이 집사는 집안살림을 맡고 있을 뿐 아니라 다른 하인들을 다스리는 권한을 행사하고 있는 게 분명하다. 하지만 고네릴은 오스월드가 자기 권위를 등에 업고 행동하기를 바라고 있다. 그의 행동이 야기하는 모든 문제를 감당할 용의가 있다는 것이다.

인물 탐색 또한 주목할 것은 리어가 사냥을 하고 있었다는 사실이다. 멀리서 들려오는 사냥터의 뿔피리 소리가 사냥중이라는 것을 알려준다. 고네릴의 말처럼 왕은 노인일지 모르지만, 건강상태는 나쁘지 않고, 게으르지도 않다.

1막 4장

리어, 고네릴의 처사에 화가 나고

고네릴의 궁전 안에 있는 홀. 리어에게 추방되었던 켄트가 카이우스로 변장하고 다시 나타난다. 리어가 들어와 켄트에게 그의 정체와 의도에 대해 질문을 던진다. 켄트의 대답은 모호하다. 그러나 그는 충성을 다짐하고 왕을 위해 봉직할 용의가 있다고 다짐한다. 자기를 찬양하는 켄트의 말에 리어는 깊은 인상을 받는다.

왕이 고네릴을 만나겠다고 청하자, 오스월드는 대답도 하지 않고 자리를 뜬다. 한 기사가 고네릴은 몸이 불편해서 만날 수 없고, 이곳의 모든 가솔들이 왕의 수행원들을 무례하게 대한다고 아뢴다.

고네릴이 왕의 광대와 기사들의 주제넘은 행동을 나무라며 들어온다. 고네릴은 왕에게 기사들의 수를 줄이라고 요구한다. 화가 난 왕은 당장 수행원들을 데리고 리건의 궁으로 가겠다고 선언한다. 왕은 그곳에 가면 더 융숭한 대접을 받을 것이라고 확신한다.

: 풀어보기

이 장에서 관객들은 리어가 문제들을 잘못 다루는 것을 보게 된다. 리어는 오스월드가 무시하자 "저놈이 저럴 수가!" 하며 충격을 받는다. 리어는 그와 그의 기사들이 고네릴의 부

하들에게 무시당하고 있다고 생각한다. 그는 "나의 광대는 어디 있느냐?"고 묻는다. 광대의 익살을 들으며 당면한 문제들을 잠시 잊으려는 것이다.

인물 탐색 왕은 무시와 홀대가 모욕적이고 괘씸하지만, 아직 고네릴과 집사를 불러 따질 준비가 되어 있지 않다. 리어는 때로 문제에 부딪히면 거침없이 저주를 퍼붓거나 화가 나면 육체적 공격까지도 서슴지 않는다. 이 장에서 리어는 오스월드의 모욕적인 말에 대꾸하면서 화가 나서 어쩔 줄을 모른다.

그러나 무력한 리어는 딸과 그녀가 거느리는 하인들의 처분만 바라는 처지다. 한때는 못할 일이 없었던 왕이 화를 내는 것 외에는 달리 대처할 효과적인 수단이 없는 것이다. 왕들은 규칙을 만드는 데는 이력이 나 있지만, 그것을 지키는 데는 익숙지 않다. 리어는 오스월드가 모욕을 주자 욕을 하며 때린다. 마침내 리어는 자기 처지가 매우 불안정하다는 것을 알아차리고, 머리를 치며 불운을 저주한다.

절망에 빠진 그는 자주 자기연민에 빠지고 화를 내지만 차츰 현실에 대처하는 새로운 수단을 발견하게 된다. 비극이 깊어지면서 부정(否定)과 체념, 후회와 무관심, 그리고 주위 사람들에 대한 커지는 동정심으로 현실에 대응하는 것이다.

문체 탐색 변장한 켄트가 다시 나타난다. 그는 자기를 추방한 왕에 대해 사심 없는 충성을 다하고 있다. 리어가 정체를 묻자 '사람'이라고 대답한다. 그 말은 자기는, 생명을 부지하기 위해 원하는 것이면 무엇이나 차지하려고 드는 짐승처럼 욕망과 욕구에 좌우되는 그런 인간이 아니란 뜻이다. 다시 말해 짐승처럼 행동하면서 원하는 것을 차지하는 고네릴, 리건, 콘월, 에드먼드 같은 인간들과는 다르다는 것이다.

문학적 장치 이 장에서 광대가 처음 등장한다. 그는 그리스 비극의 합창가무단과 비슷한 기능을 한다. 그는 사건과 왕의 행동을 평하고, 때로는 왕의 양심 역할도 한다. 광대를 유심히 관찰할 필요가 있다. 그가 왕에게 빈정거리는 투로 얘기할 때는 잔인하게 들리기도 한다. 그리고 왕을 변호하기는커녕 상처에 소금을 문지르는 것 같은 행동도 보여준다. 그러나 극이 진행되면서 관객들은 광대가 왕을 매우 사랑하고 있다는 것을

알게 된다. 그는 코델리아처럼 리어를 보살피고 보호하려고
애쓴다.

광대가 켄트에게 처음 건네는 말은 그가 켄트를 왕의
편으로 보고 있다는 것을 분명히 드러낸다. 그는 켄트
에게 광대 모자가 필요하냐고 묻는데, 이 말은 켄트가 왕국도
집도 없는 리어를 따르는 것을 보니 바보란 뜻을 암시한다. 광
대는 다른 사람과는 달리 왕의 결점을 지적할 수 있다. 왕이
광대에게 채찍질을 하겠다고 위협할 수도 있지만(왕의 광대
가 매를 맞는 것은 드문 일이 아니었다.), 관객들은 리어가 정
말로 매질을 하리라고는 생각지 않는다. 광대는 반어와 풍자,
유머를 이용해서 진실을 받아들이기 쉽게 손질하고 리어가 행
동을 더 부드럽게 고치도록 유도한다. 1장에서 켄트는 리어의
행동을 막으려다가 추방을 당하지만, 광대는 예측할 수 없는
왕의 기질을 더욱 성공적으로 제어할 수 있다.

관객들은 고네릴이 처음 아버지와 충돌할 때는 동정을
보낸다. 왕의 수행원들은 무례하고 요구사항이 많고 주인에게
고마워할 줄 모른다.

고네릴은 리어가 수행원들을 제대로 통제하지 못할 뿐
아니라 비행을 조장하기까지 한다고 나무란다. 고네릴이 수행
원들의 비행 때문에 애를 먹는 것은 사실이다. 그러나 왕은 그
런 비행에 대해서는 일언반구 말이 없고, "네가 내 딸이냐?"
고 되묻는다. 그는 마음 내키는 대로 행동하는 데 익숙한 왕이

고, 자기가 손님 신세에다 지배력이 축소되었다는 사실을 여전히 인정하지 않고 있다. 왕국이 없는 왕은 보통 사람들과 별로 다를 것이 없다는 사실을 아직 모르는 것이다. 그러나 고네릴이 수행원들의 절반을 내쫓아버리자 리어는 이제 현실을 받아들이지 않을 수 없다.

관객들이 고네릴에게 보였던 동정심은 그녀가 오스월드를 시켜 리건에게 곧 왕이 갈 테니 대비하라는 경고의 편지를 전하도록 할 때 사라진다. 그녀는 오스월드에게 리어의 행동을 더욱 부풀려서 경고하라고 이른다.

부녀 사이의 갈등이 증폭되면서 리어는 자기를 돌아보며 자문한다. 왕국을 주어버린 리어가 왕일 수 있을까? 리어가 진실이라고 믿고 의지했던 것이 이제는 믿을 수 없게 되었다. 현실이 바뀐 것이다. 딸은 그에게 순종하지 않고 아버지와 왕을 존경스런 태도로 대하지도 않는다. 그녀의 하인들까지도 그를 업신여긴다.

올바니는 1장에 등장하기는 하지만 왕국 분할에 별 역할을 하지 않는다. 그렇지만 1장에 나오는 켄트와 글로스터의 대화는 왕이 콘월보다 그를 더 좋아한다는 사실을 보여준다. 이 장에서 올바니가 왕을 진정시키려고 하지만, 인내력의 한계에 도달한 리어는 올바니의 말에도 귀를 기울이지 않는다. 올바니는 분명히 왕의 안녕을 걱정하고 있지만, 아내 고네릴에게 맞설 만한 힘이 없다. 그는 아내와 달리 점잖고 친절하다.

1막 5장

리어, 리건의 궁으로

고네릴의 궁전 밖. 리어가 켄트에게 즉시 리건의 궁전으로 가서 편지를 전하라고 지시한다. 켄트가 떠나자 광대가 우스갯소리로 왕을 즐겁게 하려고 한다. 그 내용은 리어의 행동을 빗댄 것이다. 왕은 괴로워하면서 코델리아에게 한 행동을 후회한다.

리어는 정신이 이상해지는 첫 번째 조짐을 보인다. 곧 말들이 준비되고 왕은 둘째 딸의 성을 향해 출발한다.

5장에서 왕은 분명히 자기 장래에 대한 두려움과 걱정을 드러낸다. 물론 그는 여전히 리건이 좋은 거처를 제공하리라는 희망을 품고 있다. 그는 또한 자기 정신이 이상해지는 것 같다는 두려움을 표현한다. "오, 자비로운 하늘이시여, 나를 미치게 하지 마소서. 난 미치지 않겠다! 정신을 가다듬어야지. 난 미치지 않아."

이 외침은 극의 뒷부분에서 일어날 사건을 예고한다. 이 대사는 신에 대한 기도를 포함하고 있다. 〈리어 왕〉

은 기독교가 들어오기 이전의 시대를 다루지만, 리어는 신이
자기를 인도하고 보호해 주기를 바라고 있다. 이 장에서 광대
는 리어에게 좀처럼 휴식을 주지 않는다. 그는 계속해서 왕에
게 그가 저지른 실수와 위태로운 처지를 상기시킨다. 광대는
잔인해 보이지만, 그 덕분에 리어는 자신의 어리석음 때문에
현재와 같은 사태가 초래되었다는 사실을 이해하기 시작한다.
왕은 다시 코델리아에게 했던 일을 후회한다. "내가 그
아이에게 못할 짓을 했어." 이 짧은 말은 또한 관객들
에게 그녀가 당분간 무대에 나타나지는 않지만 극에서 중요한
역할을 계속 하고 있다는 사실을 상기시킨다.

 : 줄거리

에드먼드의 음모

글로스터 백작의 성. 급사(急使) 쿠란이 에드먼드에게 그날 저녁에 리건과 콘월이 도착한다는 전갈과 함께 콘월과 올바니 사이에 다툼이 있었다는 소문도 전한다.

에드먼드는 에드거의 신임을 실추시키기 위한 계획에 공작을 끌어들일 생각을 하면서 콘월의 방문을 반가워한다. 에드먼드는 에드거에게 콘월은 형이 올바니를 돕고 있다고 의심한다고 넌지시 비치며 걱정하는 척하면서 밤을 틈타 몰래 성에서 빠져나가라고 말한다. 에드먼드의 속셈을 전혀 모르는 에드거는 도망치기로 동의한다. 에드먼드는 에드거의 평판을 떨어뜨리기 위한 또 하나의 방편으로 형과 거짓 싸움을 벌이고, 글로스터의 동정을 사기 위해 스스로 상처를 낸다.

글로스터는 형의 공격을 받았다는 에드먼드의 설명을 듣고 에드거를 찾아내 재판에 회부하겠으며, 에드먼드를 후계자로 삼겠다고 약속한다.

리건과 콘월이 들어온다. 그들은 에드먼드의 이야기를 듣고, 에드거를 비난한다. 콘월은 에드먼드가 자기와 합세해야 한다고 말한다. 리건과 콘월은 리어와 고네릴의 편지에 어떻게 답해야 할지 충고를 요청함으로써 글로스터의 비위를 맞춘다.

올바니와 콘월 사이에 싸움이 벌어졌다는 쿠란의 보고가 왕국을 분할한 리어의 조치가 실수였음을 더욱 분명하게 보여준다. 엘리자베스 시대의 관객들은 그런 갈등을 예상했을 것이다. 귀족들의 반란과 귀족들 간의 전쟁을 막기 위해서는 강력한 중앙 정부가 필요하다는 것을 영국인들은 너무나 잘 알고 있었기 때문이다. 콘월과 올바니를 동등한 공동통치자로 만듦으로써 두 사람 사이에는 불가피하게 불화가 싹튼다. 이 시점에서 쿠란이 그 사실을 밝히는 것은 중요하지 않다. 다만 에드먼드가 그 정보를 자기 음모에 이용한다는 데서 그 의미를 찾을 수 있다.

기회주의자인 에드먼드는 쿠란의 보고를 이용하기로 하고 숨어 있던 에드거를 불러내 가짜 결투를 벌인다. 자해(自害)로 작은 상처를 입은 에드먼드는 에드거를 악한처럼 보이도록 만든다. 글로스터는 싸우는 소리와 에드먼드가 입은 상처를 보고 쉽게 속아 넘어간다. 구체적인 증거가 눈앞에 있으므로 글로스터는 에드먼드의 이야기를 곧이곧대로 믿는다.

에드먼드는 그럴듯한 말로 아버지로 하여금 에드거가 자기를 공격했다고 믿게끔 한다.

부자 간의 유대가 얼마나 깊고도 강한지를

제가 얘기했는데도. 아버님, 그는 결국

제가 그의 비정한 목적을 얼마나

혐오하고 있는지 알고서는 준비한 칼로

무방비의 제 몸에 무서운 일격을

깊숙이 가하다가 제 팔을 긁었어요.

여기서 에드먼드는 목숨을 걸고 악에 대항하는 '좋은 사람', 즉 영웅으로서 이야기한다. 당시에는 적출 아들의 증언이 서출 아들의 증언보다 더 비중 있게 다루어지는 게 보통이었다. 그러나 이 경우에 에드거는 자기 입장을 피력할 기회조차 갖지 못한다. 글로스터는 에드거가 수십 년을 살아 오면서 보여준 모습은 무시하고 서출 아들의 말만을 쉽사리 믿어버린다. 세상이 자연과 너무 동떨어져 있음을 보여주는 예다. 자연의 질서에 따른다면, 여러 해에 걸친 헌신과 사랑이 당연히 신임을 얻어야 하지만, 1막에서 일어나는 사건들에서 는 아버지들이 더 이상 자녀들의 사랑을 믿지 않고 쉽사리 속 아 넘어가 자기들을 가장 사랑하는 자녀들을 내친다. 리어는 딸을 내쳤고, 이제 글로스터는 아들을 내쳤다. 이런 사건들은 그들의 행위가 세상의 자연 질서에 위배되는 것이라는 생각을 더욱 뒷받침하고 있다.

리건과 콘월의 방문은 에드먼드에게 그의 음모를 추진 해 나갈 또 하나의 기회를 제공한다. 이 장에서 리건과 콘월은 양심적이고 합리적인 사람들처럼 보인다. 리건은 에드거의 배반 얘기를 듣고 진심으로 애석해 하는 것 같다. 그녀가 글로스터의 충고를 듣기 위해 왔다는 사실이 그녀의 진실성을 보여준다. 그녀가 노인의 가르침을 중시하는 듯한 인상을 주기 때문이다.

문학적 장치 콘월이 에드먼드의 이야기를 액면 그대로 믿고 그를 기꺼이 자기편으로 받아들이는 모습을 보고 관객들은 콘월이 겉보기와는 달리 좋은 사람이 아니고 장차 악한 일을 하리라는 예감을 갖게 된다. 에드먼드는 콘월의 초대를 받음으로써 그와 연합할 기회를 잡는다. 올바니가 1막에서 왕을 위해 중재하려는 시도를 했으므로, 관객들은 콘월이 악한으로 등장할 것을 예상하고 있다. 그가 에드먼드와 연합함으로써 악한이라는 사실이 더욱 뚜렷해진다. 글로스터로서는 두 사람이 과거에 비행을 저지른 적이 없기 때문에 그들을 불신할 아무런 이유도 없다.

2막 2장

왕의 권위에 먹칠을

글로스터의 성 바로 밖. 켄트와 오스월드가 리건에게 편지를 전하기 위해 따로따로 도착한다. 오스월드는 켄트를 곧바로 알아보지 못한다. 켄트가 그를 저질이라고 비난하자 집사는 당황한다. 오스월드가 그를 모른다고 하자, 켄트가 칼을 뽑아 집사를 때리기 시작한다.

도움을 청하는 오스월드의 비명 소리를 듣고 성 안에 있던 사람들이 그를 구하러 온다. 콘월이 자초지종을 묻자, 켄트는 오스월드의 인간성, 부정직함, 심지어 외모까지 공격한다. 콘월이 오스월드를 변호하며 켄트에게 족쇄를 채우라고 명령한다. 글로스터가 끼어들어 리건과 콘월에게 왕이 사자에게 족쇄를 채운 것을 알면 언짢아할 것이라고 하자 리건은 고네릴의 집사를 모욕한 것이 더 큰 죄라고 말한다. 글로스터를 제외한 모든 사람이 퇴장한다. 글로스터가 켄트에게 홀대한 것을 사과한다. 혼자 남은 켄트가 코델리아가 보낸 편지를 읽는다. 코델리아는 그 편지에서 아버지를 위해 어떻게든 자기가 개입할 것이라고 약속하고 있다.

처음에는 켄트가 깡패처럼 싸움을 거는 데 반해 오스월드는 당하기만 하는 것처럼 보인다. 관객들은 정직하고 충성스런 신하 켄트의 지나친 행동에 분명한 의미가 있을 것이라고 짐작한다. 사실 켄트는 충성스런 신하지만, 이 장면에서는 신분을 위장하는 것이 중요하다. 그러나 켄트는 오스월드가 왕에게 불리하게 쓰일 편지를 가졌다는 것을 알고 있다. 켄트는 위장은 하더라도 거짓말을 하지 못하기 때문에 집사의 부정직과 고네릴의 지시 이행을 비난하는 것이다. 이 같은 켄트의 반응은 겉보기에는 온당하지 않은 것 같지만 고도로 발달한 그의 도덕적 감각에 따르면 당연한 것이다.

인물 탐색 반면에 고네릴의 수족 같은 존재인 오스월드는 왕에게도 무례를 서슴지 않는다. 따라서 관객들은 집사가 겉모습은 쾌활해 보여도 비열한 앞잡이란 것을 알고 있다. 오스월드가 켄트의 공격을 막아내지 못하자 그에 대한 부정적 인식은 더욱 심해진다. 살려달라는 그의 외침이 콘월의 주의를 끌자, 그는 자기를 공격한 사람이 노인이기 때문에 목숨을 살려주었다고 거짓말을 한다. 이 모든 일이 오스월드를 약하고 부정직한 인물로 부각시킨다. 오스월드는 켄트의 말처럼 고네릴의 사악한 음모를 돕는 기생충 같은 존재다.

켄트와 콘월의 대면으로 관객들은 콘월의 본성을 더욱 뚜렷이 알게 된다. 콘월은 켄트의 솔직한 말을 믿지 못하고 거짓말을 한다고 생각한다. 자기가 늘 꾸민 말만을 늘어놓으니까 다른 사람들도 그럴 것이라고 여기는 것이다.

켄트에게 족쇄를 채우는 것은 왕에 대한 심각한 모독이

다. 왕에게 똑같은 징벌을 내리는 것이나 다름없는 행동이기 때문이다. 이 같은 행위가 신하들에 대한 리어의 통제력이 흔들리고 있음을 분명하게 보여준다. 전통적으로 왕의 사절은 왕을 대신하는 인물로서 왕에 버금하는 존경과 영예가 주어지므로 켄트는 융숭한 대접을 받아야 마땅한 것이다.

주제탐색 신민들의 존경을 받아야 하는 왕의 사절을 가둔다는 것은 자연을 거스르는 일이다. 아버지가 자녀들의 존경을 받아야 하고, 노인들이 젊은이들의 공경을 받아야 하는 것과 마찬가지다. 콘월의 행동은 자연에서 일어나고 있는 혼란을 반영한다. 노인이 존경을 받지 못하고 왕이 섬김을 받지 못하는 사태가 벌어지고 있는 것이다. 사실 리어는 콘월이란 인물로 인해 중대한 위험에 빠져 있다.

이 장은 켄트가 코델리아의 편지를 읽는 것으로 끝난다. 코델리아가 그 짧은 시간에 어떻게 리어가 당하는 어려움을 알게 되었는지는 분명치 않다.

2막 3장

에드거, 거지 행세를 하기로

에드거가 혼자 숲속에 있다. 그는 독백을 통해 자기가 범법자가 된 것을 알고 있다고 말한다. 지금까지는 나무 구멍에 숨어 체포를 모면해 왔지만 자유롭게 행동하려면 위장이 필요하다.

에드거는 정신이 온전치 못한 거지 행세를 하기로 한다. 그는 얼굴과 몸에 오물을 바르고 머리에 매듭을 만들고 담요로 몸을 가린다. 이제 그는 '가난한 톰'으로 알려지게 될 것이다.

글로스터와 콘월의 부하들이 추적하는 가운데 에드거는 나무 구멍 속에 숨어 있다. 아무도 실성한 거지를 눈여겨보지 않을 것이라고 생각한 에드거는 온몸에 더러운 오물을 바르고 흉터를 만든 다음 담요를 뒤집어쓴다. 당시에는 정신병자들은 악령이 깃들어 있기 때문에 고통을 느끼지 못한다고 생각했다. 따라서 에드거도 변장을 위해 자해를 한다.

주제 탐색 그는 광증을 가장해 완벽하게 위장한다. 이러한 위장은 리어에게 곧 찾아오는 광증과 평행을 이룬다. 두 광증의 차이는 한 사람의 광증은 스스로 선택한 가짜지만 리어의 광증은 진짜라는 점이다. 에드거는 이제 가난한 톰이 된다. 그가 목숨을 부지하면서 자신에 대한 무고(誣告)를 조사하려면 이 같은 위장은 꼭 필요하다.

문체 탐색 에드거는 "나는 이제 에드거가 아니다"라는 말로 독백을 끝맺는다. 새로운 환경에서 살아남으려면 에드거는 더 이상 존재해서는 안 된다. 그는 가난한 톰이 되면서 '아무것도 아닌 존재'가 된다. 이전의 삶은 존재하지 않으므로 아무것도 아니고, 또 미친 사람은 이 세상에 존재하지 않는 것이나 마찬가지이기 때문이다.

2막 4장

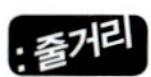 : 줄거리

딸들에게 버림받는 리어

리어와 수행원들이 글로스터의 성에 도착한다. 켄트가 왕을 반긴다. 왕은 즉시 누가 왕의 사자에게 족쇄를 채웠느냐고 묻고, 리건과 콘월이 왕의 사람을 투옥하고 모욕했다는 사실을 믿으려 하지 않는다.

리건과 콘월은 여행 피로를 핑계로 왕과 이야기를 나누려 하지 않는다. 글로스터가 이 부부를 찾아 켄트의 석방을 주선하는 동안, 광대는 차분하게 최근에 일어난 사건들을 평한다.

글로스터에게 이끌러 무대로 나온 리건은 아버지를 반기는 척한나. 리어가 고네릴에게 당한 박대를 자세히 늘어놓자, 리건은 흥분하지 말고 나이에 걸맞은 행동을 하라고 말하며 언니에게 용서를 구하라고 충고한다. 그 말에 자극 받은 왕은 화를 내며 저주를 늘어놓는다. 오스월드와 고네릴이 자리를 함께한 가운데 콘월은 리어에게 자기가 켄트의 투옥을 명령했다고 시인한다.

리건이 리어와 수행원들 모두를 받아들일 수 없다고 하자 리어의 실망과 혐오감은 더욱 심해진다. 동생과 공모한 고네릴이 리어에게 수행원들을 모두 해산시킬 것을 제안한다. 딸들의 박대에 화가 머리끝까지 치민 리어가 말을 가져오라고 소리친다. 리어는 아버지와 왕으로서의 정당한 지위를 인정하지 않는 자들과 함께 사느니 차라리 별을 보며 밖에서 살거나 프랑스에서 은신처를 구하겠다고 선언한다. 리건과 고네릴은 글로스터에게 한밤중에 밖으로 나가는 아버지를 말리지 말라고 지시한다. 늙은 왕이 폭풍우가 심하게 몰아치는 밖으로 나갔는데도 리건과 고네릴은 아무렇지도 않다는 모습이다.

　　1막 4장에서와 마찬가지로 관객들은 역경에 처한 리어의 강렬하고 불안정한 반응을 볼 수 있다. 우선 그는 미리 전갈을 보냈는데도 리건과 콘월이 나와서 그를 맞지 않는다는 사실에 당황한다. 손님을 반갑게 맞아야 한다는 당연한 관례가 지켜지지 않는다는 사실이 당혹스러운 것이다. 다음에는 켄트에게 족쇄를 채운 사람이 콘월이라는 것을 알고 놀라움을 금치 못한다. 리어는 몇 차례 너무 화가 나서 제대로 된 문장을 만들어내지 못한다. 리어는 고네릴의 궁전으로 다시 돌아가라는 말에 불같이 화를 내고, 고네릴에게 하늘의 진노가 떨어지기를 기원한다. 몇 차례 냉정을 되찾으려고 노력하던 그는 고네릴이 나타나자 침착성을 완전히 상실해 버린다.

　　분노가 리건이나 고네릴을 움직이지 못하고 애걸을 해도 통하지 않는다. 리어는 거의 체념한 것처럼 보인다. 고네릴을 "내 살, 내 피, 내 딸"이라고 인정하는 것이 그 좋은 예다. 그는 또 그녀가 '자신의 썩은 피'에서 태어났다고 시인하면서 그녀가 한 행동을 자기 탓으로 받아들인다. 그러나 이러한 감정적 반응이 현실을 바꿀 수도 없고, 1막의 성급한 행동으로 야기된 문제들을 해결하는 효과적인 방법도 아니다.

　　리어는 명목상의 왕에 불과하지만 그 권리와 위신을 유지하려고 노력한다. 그는 리건과 콘월을 불러오라고 명령하면서 그들이 나타나주기를 기대한다. 그러나 "제가 이미 그렇게 알렸습니다"라는 글로스터의 대답이 새로운 질서를 보여준다. 리건이 왕과 대화하기로 동의하지만, 어디까지나 자신의 조건에 따라서다. 리어는 그의 선택이 비록 어리석고 위험하더라도 운명을 스스로 책임지고 싶어한다.

콘월이 리어에게 밖으로 나가면 문을 잠가버리겠다고 하는데도 그는 폭풍우 속으로 뛰쳐나간다. 왕은 수행원들을 포기하라고 요구하는 딸들에게 얹혀 있느니보다는 차라리 폭풍우가 몰아치는 어두운 밤이라도 한데서 자는 편이 낫겠다고 생각한다.

리건은 처음에는 동정적이고 부드러운 딸인 것처럼 보이며, 리어를 정중하게 맞지만 믿을 만한 것이 못 된다. 리건은 아버지에게 진정한 존경심이 없다. 고네릴은 이미 거칠고 무례한 본성을 공공연하게 드러냈다. 반면, 리건은 잔재주가 뛰어나 정숙한 딸이 지녀야 할 존경심과 정중함을 가장할 수 있다. 그러나 결과는 마찬가지다. 그녀의 친절은 잠깐 동안의 속임수에 불과하다. 리건 역시 고네릴처럼 불경스럽고 잔인한 본성을 곧 드러내기 때문이다. 두 딸은 왕국 전체를 넘겨준 아버지에게 사랑이나 다정함, 이해심, 감사의 마음을 조금도 내보이지 않는다.

이 대목에서 셰익스피어는 몇몇 등장인물에게 충성심이 어떤 의미를 갖는지에 초점을 맞추고 있다. 글로스터는 부녀를 화해시키려 애쓰고, 위안이 되는 말만 늘어놓는 힘없는 노인으로 묘사되고 있다. 그는 리어에게 충성스럽지만, 그의 충성은 실속이 없다. 켄트 역시 왕에게 충성을 바친다. 그는 몰락하는 자보다는 떠오르는 자를 보호자로 삼으라는 광대의 충고를 받아들이지 않는다. 광대의 충고는 켄트의 충성심에 대한 시험으로 볼 수도 있다. 그것이 시험이라면 켄트는 쉽게 통과한다고 할 수 있다. 광대 역시 왕에게 충성을 바친다. 그는 바보이기 때문에 자기 자신의 충고를 받아들이지 않는다고 말한다. 사실 떠오르는 사람을 보호자로 택하라는 충고를 실천한 사람은 에드먼드이다. 에드먼드는 두 자매의 남편들 가운데서 콘월이 더 강하다고 보고 그에게 자신의 장래를 건다. 하지만 글로스터와 켄트, 광대와는 달리, 에드먼드가 최종적으로 충성을 바치는 대상은 자기 자신이다.

문학적 장치 다가오는 폭풍우가 리어의 삶에 닥칠 파탄을 예고한다. 그는 스스로 자초한 사건의 소용돌이를 늦출 수 없는 슬픈 주인공이다. 리어가 폭풍우 속으로 뛰쳐나가는 것은 삶의 어떤 목적을 되찾아보려는 노력이다. 자기에게 닥친 환경에 당황하는 모습, 딸들의 존경심과 왕국을 모두 잃었다는 사실이 리어에 대한 동정심을 불러일으킨다. 수행 기사들을 저버리지 않고 위엄을 되찾아보려는 노력 — 왕으로서 권력을 누리던 시절의 모습 — 이 관객들의 동정심을 더욱 부채질한다. 그는 폭풍우 속으로 뛰쳐나간다. 딸들이 다시 한 번 그를 거부하는 것을 기다리지 않고 그가 그들을 거부하는 것이다. 이렇게 떠남으로써 리어는 자기 삶에 대한 작은 통제권이나마 붙잡으려고 한다. 효심이 부족한 부자연스러운 존재들로서 혈연 관계나 사회적 질서를 거부한 딸들은 리어가 당연시하며 기대하는 사랑과 존경을 박탈해 버렸다. 리어는 절망의 순간에 자연을 도피처로 택한다.

3막 1장

왕의 처지를 코델리아에게 알려라

폭풍우가 휘몰아치는 황야. 켄트는 한 신사—켄트와 관객들에게 사실을 전하기 위해 설정한 등장인물—와의 대화를 통해 리어와 광대가 폭풍우 속으로 뛰쳐나갔다는 사실을 알게 된다. 켄트는 올바니와 콘월이 사이가 좋은 척 가장하고 있다고 말하고, 또 리어가 쫓겨났다는 소식이 프랑스 왕에게도 전해져 그가 리어를 돕기 위해 군사를 이끌고 오는 중이라고 밝힌다. 켄트는 그 신사에게 어서 도버로 가서 리어가 받은 처우를 알리라고 이르고, 코델리아에게 전하라며 반지 한 개를 선넨다. 그 보석반지가 켄트의 정체를 알려줄 것이다. 켄트는 리어를 찾기 위해 자리를 뜬다.

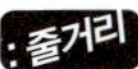

이전의 장은 "나쁜 날씨 외에 거기 누가 있소?"라는 말로 시작되었다. 이 장에서는 황야에 있는 리어의 모습이 나온다. 그가 느끼는 절망감과 분노는 폭풍과 잘 어울린다. 왕의 외모는 폭풍에 시달리는 자연의 경관만큼이나 삭막하다. 폭풍우가 사납다는 것, 리어의 슬픔 역시 그에 못지않게 격렬하다는 것을 관객들은 금방 알 수 있다. 그러나 리어는 혼자가

아니다. 광대가 주인과 운명을 함께 하고 있다. 전에 광대는 행동에 대한 평을 하고 리어가 잘못을 저지르면 지적하곤 했다. 그러나 이 장에서는 가능한 한 왕의 고생을 덜어주려고 애쓴다. 그의 새로운 목표는 코델리아가 도우러 올 때까지 리어를 보호하는 것임이 분명해진다.

이 장은 2막 2장에서 제시되었던 의문—코델리아가 어떻게 아버지에게 닥친 비극을 그렇게 빨리 알았을까?—에 대한 답이다. 켄트가 신사에게 왕이 받는 대우를 염탐하기 위해 프랑스에서 밀정들을 파견했다고 말한다. 켄트의 이야기는 다소 모호하고 시간상으로 잘 들어맞지 않는다.

지난 며칠 동안에 일어난 사건들의 소식이 어떻게 그렇게 빨리 프랑스까지 전해질 수 있었는지 납득이 되지 않는다. 하지만 셰익스피어는 여러 비극에서 극을 의도대로 끌고 가기 위해 시간을 조작하는 경우가 종종 있다. 이 경우에는 프랑스군의 진격에 대한 기대와 코델리아가 도착하리란 예상이 관객들에게 리어의 처지가 곧 호전되리란 희망을 갖게끔 한다.

켄트는 콘월과 올바니가 감추려고 노력하고 있지만 그들의 동맹관계에 균열이 생길 가능성이 크다는 얘기도 한다. 관객들은 올바니가 콘월처럼 잔혹한 인간은 아닌 것 같다는 암시를 받은 바 있다. 따라서 이 시점에서 올바니가 리어를 위해 어떤 행동을 취할 것이라고 생각하지 못할 이유도 없다.

3막 2장

폭풍우를 온몸으로

황야에는 폭풍이 계속 휘몰아친다. 딸들의 괘씸한 행동에 분노하고 있는 리어의 기분 역시 폭풍 못지않게 격렬하다. 광대가 다소 체면이 깎이더라도 비를 피할 집을 찾아 들어가는 것이 이 거센 폭풍우 속에서 견디는 것보다는 낫겠다고 왕을 설득한다. 그러나 리어는 고집을 꺾지 않는다. 켄트가 와서 가까이에 있는 오두막집을 가리키며 그곳에 가면 다소나마 비를 피할 수 있을 것이라고 말한다. 그는 왕을 받아들이라고 요청하기 위해 글로스터의 성으로 돌아가고, 광대가 무대에 홀로 남아 앞으로 일어날 일을 예언한다.

:풀어보기

문체 탐색 다시 한 번 관객들은 리어가 그를 둘러싼 문제들에 대처하는 방식을 보게 된다. 이 장은 바람과 비, 그리고 절망의 한가운데 있는 리어를 보여주는 것으로 시작된다. 리어는 폭풍우를 향해 더욱 거세게 이 세상을 때려달라고 부르짖고, 은혜를 모르는 배은망덕한 인간들을 파멸시키라고 요구하기도 한다. 아무런 희망도 없는 리어는 너무 낙담한 나머지

허무함에 빠져 있다.

리어는 자기연민에 빠져 스스로를 '가련하고 온전치 못하고 약한 경멸당하는 늙은이'라고 부른다. 그는 은신처를 찾거나 정신을 온전히 유지하려고 애쓰기보다는 폭풍우의 힘에 굴복하려고 한다. 강력한 군왕의 신분에서 너무나 심하게 추락한 그에게는 완전한 파멸을 바랄 힘밖에는 없다. 그러나 리어는 여전히 동정심을 불러일으키는 인물이다. 그는 자신의 정신이 이상해질까봐 두려워하고 ― "내 정신이 돌기 시작한다" ― 동반자의 안위를 걱정한다 ― "여보게, 괜찮은가? 춥지 않나?"

비참한 상황에서도 리어는 이런 인간미를 보임으로써 그에게 내려진 징벌이 그의 어리석은 과오에 비해 지나치다는 인상을 주어 관객들의 동정을 얻고 있다. 광대의 마지막 말은 그와 리어가 경험하고 있는 현실 세계를 정의와 선의가 악을 대체하는 이상 세계와 대비시키고 있다.

3막 3장

죄수나 다름없는 신세가 된 글로스터

글로스터의 성. 글로스터와 에드먼드가 이야기를 나누고 있다. 글로스터가 아들에게 자기가 리어를 돕기 위해 리건과 콘월에게 떠나달라고 하자 그들이 집을 접수해 버렸다고 이야기한다. 이제 글로스터는 그 자신의 집에서 죄수나 다름없는 신세가 되었고, 심지어는 왕과 이야기를 나누는 것도 금지당한다. 글로스터는 또 왕이 당한 괄시를 복수하려는 계획이 있다는 얘기를 들었노라고 에드먼드에게 말한다. 그는 배반자에게 비밀을 누설하고 있다는 것을 모른다. 글로스터가 퇴장한다. 혼자 남은 에드먼드는 왕을 도우려는 그 계획을 누설함으로써 콘월의 환심을 살 생각을 한다.

: 풀어보기

인물 탐색 극이 시작될 때부터 글로스터는 에드먼드에게 쉽게 속아 넘어가는 약하고 미련한 사람으로 보인다. 관객들은 1막에서 글로스터의 행동을 보고 그를 어리석은 노인으로 치부해 버리지만, 이 장에서는 왕의 충성스런 신하로 보인다. 글로스터는 리건과 콘월에 복종치 않음으로써 왕을 위해 목숨을 바칠 각오가 되어 있음을 입증한다. 이 영웅적인 행동이 그를 에드먼드와 갈라놓는다. 기회주의자인 에드먼드는 아버지의 신뢰를 이용해 콘월의 신임을 얻을 기회를 잡는다. 그는 아버지를 배반함으로써 그토록 열망하는 지위와 부를 얻게 될 것으로 예상된다. 에드먼드는 비천한 출신성분에 어울리는 비열한 길로 거침없이 나아간다. 그에게서는 양심의 가책 같은 것은 찾아볼 수 없다.

3막 4장

리어, 위장한 에드거를 만나다

켄트가 리어에게 오두막으로 들어가 폭풍우를 피하라고 권하지만, 리어는 그러려고 들지 않는다.

광대가 오두막에서 뛰쳐나오면서 유령이 오두막을 차지하고 있다고 소리친다. 곧 밖으로 나온 그 유령은 바로 불쌍한 거지 톰으로 위장한 에드거이다. 왕은 입고 있는 옷을 찢어 옷을 입지 않은 톰과 아주 닮은 모습이 된다.

글로스터가 횃불을 들고 나타난다. 그는 왕이 쉴 수 있는 따뜻한 은신처와 음식을 찾았다고 말하지만, 리어는 실성한 거지와 더 이야기를 나눠야 한다며 고집을 부린다. 변장한 에드거가 춥다고 불평하자 모두 은신처 안으로 들어간다.

이 장의 상당부분은 리어의 광증에 초점을 맞추고 있다. 다시 한 번 리어는 비극에 여러 방식으로 대응한다. 처음으로 그는 자신만큼 비참한 다른 사람들의 삶에 주목하고, 전에는 거들떠보지도 않았던 그들에게 동정어린 말을 늘어놓는다.

무정하게 내려치는 이 폭풍을 견디는

불쌍하고 헐벗은 자들아, 너희들이 어디 있건

쉴 곳 없는 머리와 먹지 못한 허리와

숭숭 뚫린 누더기로 이런 계절에

어떻게 몸을 보전하느냐?

리어는 그들의 삶과 자기 처지가 유사하다는 것을 알아
차린다. 엄격히 따지면, 가난한 사람들에 대한 동정은
자기 처지에 대해 느끼는 연민의 반영이기도 하다. 그는 자기
가 그 중 한 사람이 된 후에야 그들에게 동정심을 갖게 되는
것이다.

이런 동정심은 새로운 사회적 인식으로 이어진다. 리어
는 자기가 왕국 안에 있는 가난한 사람들을 돕기 위해 한 일
이 하나도 없다는 것을 깨닫는다. 실은 그들이 빨리 죽도록 도
왔을 뿐이었다. 그는 그런 자신을 나무란다.

아, 이런 일에 난 너무 소홀했다.
허식이여, 치료를 받아라.
자신을 노출시켜 가엾은 자들을 느껴라.
그래서 넘치는 건 그들에게 떼어주고
하늘이 더 정당함을 보여줄 수 있도록.

리어는 정의가 사람과 하늘로부터 온다는 것을 인정한
다. 그는 하늘이 기름을 부은, 하느님의 대리인이다. 따
라서 그에게는 이 세상에 정의를 실현할 책임이 있다. 그는 자
신의 문제뿐만 아니라 자기와 똑같이 고통당하는 다른 사람들
에 대해서도 책임을 져야 한다고 생각한다. 다시 한 번 리어는
쉽게 정의될 수 없는 복잡하고 동정심 많은 인물임이 드러난다.

　　이런 새로운 인식을 갖게 된 리어는 훌륭한 왕이 될 수 있을 것이다. 하지만 그는 이미 왕으로서의 지위를 포기했으므로, 자신의 현재 상황에 대해서만 책임질 수 있을 뿐이다. 자기 잘못을 바로잡을 수 있는 능력이 없다는 생각이 그를 미치도록 하는 데 한몫을 한다. 머릿속이 극도로 어지러워진 리어는 휘몰아치는 폭풍우를 의식하지 못한다. 그는 정신이 혼미해지면서 자신의 비참한 상황도 잊어버린다.

　　톰이 오두막에서 나오는 것을 보고 리어는 거울에 비친 자기 모습을 보는 듯한 느낌을 갖는다. 리어는 가난한 톰과 자기를 일체화시킨다. 두 사람 다 모든 것을 잃어버렸다는 공통점을 가졌기 때문이다. 리어는 톰 역시 속임수를 쓰는 잔인한 딸들에게 희생된 사람일 것으로 생각한다. 리어가 옷을 벗어버리고 톰처럼 벌거숭이에 가까운 상태가 될 때, 리어와 톰의 일체화는 거의 완벽하게 이루어진다. 이처럼 자신과 톰을 구분하지 못하는 것이야말로 리어의 광증의 한 증세다. 이 장은 관객들에게 사람과 짐승이 별로 다를 게 없다는 사실을 상기시킨다. 인간은 연약한 존재일 수밖에 없다. 문명과 비문명은 그야말로 백지 한 장 차이에 불과하기 때문이다.

　　글로스터와 리어의 처지는 비슷하다고 할 수 있지만 (두 사람 모두 자녀들에게 당했다는 점), 한 가지 중요한 차이점이 있다. 글로스터는 온전한 정신을 유지하고 있다는 것이다. 그는 자기도 자칫하면 미칠 수 있다는 것을 알고,

언제 그런 일이 일어날지 모른다고 걱정한다. 그러나 그는 내적인 힘을 지녔기 때문에 미치지 않고 버틸 수 있다.

글로스터는 가난한 톰으로 변장한 아들 에드거를 알아보지 못한다. 3장에서 글로스터는 노왕을 돕겠다는 결의를 드러낸 바 있다. 그는 이 장에서 왕처럼 고통받는 아버지임이 드러난다. 그는 자기 처지가 곧 비참하게 추락할 것이라는 사실을 모르고 있다.

3막 5장

아버지를 팔아먹는 에드먼드

글로스터의 성. 에드먼드는 아버지를 배반하고 리어 왕을 돕기 위해 잉글랜드를 침공하려는 프랑스의 계획을 콘월에게 일러바친다. 그 공으로 에드먼드는 글로스터의 작위와 토지를 차지한다.

:풀어보기

이 장에서 에드먼드와 콘월은 덕성스러운 사람인 척한다. 그들은 자신들의 불충을 정당화하려고 애쓴다. 글로스터와 리어는 이기적인 에드먼드와 콘월에 의해 희생된 사람들이다. 에드먼드는 아버지를 배반한 사실을 안타까워하는 척하면서 천성적으로 효심이 많은 자기가 국가에 대한 충성심이 우선이기 때문에 그럴 수밖에 없었다며 한탄한다. 콘월이 에드먼드의 선택을 돕는다. 에드거가 아버지를 죽이려고 한 것이 당연할지도 모르겠다고 넌지시 말하기 때문이다. 콘월은 글로스터의 행동을 반역이라고 보고, 처벌받아 마땅한 사람이라고 생각한다. 이러한 콘월의 말은 에드먼드의 패륜을 인정하고, 그에게 일종의 독선적인 정의감을 부여한다.

:줄거리

모의재판

글로스터가 왕과 그 일행을 성 바로 옆에 있는 농가에 남겨둔 채 먹을 것을 구하러 출발한다.

광대와 에드거는 리건과 고네릴에 대한 리어의 모의재판에 참여한다. 글로스터가 들어와서 왕을 시해하려는 음모가 있다는 얘기를 들었다고 폭로한다. 일행은 친구들이 도울 수 있는 도버로 왕을 데려갈 준비를 한다.

:풀어보기

나쁜 귀신에 대해 지껄이는 에드먼드의 말은 에드거와 리어의 처지에 딱 들어맞는다. 두 사람 모두 속임수와 사악함의 희생자들이기 때문이다. 일단 폭풍우에서 벗어난 리어는 복수 계획을 포기하는 대신, 고네릴과 리건을 재판에 회부하기로 한다. 관객들은 이 모의재판을 리어가 미쳤다는 또 다른 증거로 볼지 모르지만, 재판은 진실을 찾는 행위이자 행동의 이유와 동기를 찾는 행위이기도 하다. 리어는 왜 이런 비극이 일어났는지를 알아야 한다. 그가 과연 딸들로부터 그런 괄시를 받을 짓을 했는가? 그의 행동이 딸들의 패륜을 불러오는

데 어느 정도 기여하지는 않았을까? 리어에게는 진실을 파악하는 것이 제정신을 회복하는 길이 될지도 모른다.

리어는 변장한 에드거와 광대를 재판관으로 임명하고, 고네릴에 대한 재판을 시작한다. 리어는 그녀가 자기를 찼다고 비난한다. 그러나 고네릴은 아버지에게 물리적인 폭력을 행사하지 않았다. 리어의 영혼과 가슴을 멍들게 한 것이다. 리어는 재판관들에게 "리건을 해부해서 심장에 어떤 피가 들어 있는지 보라"고 촉구한다. 리어의 말은 가시가 돋쳤고 고통에 차 있다. 에드거는 그 재판놀이를 계속할 수 없다고 느낀다. 광대도 말이 없고 조용해진다. 마침내 기진맥진한 리어가 휴식을 취하기로 결정을 내린다.

이 장이 광대가 마지막으로 나오는 장면이다. 광대는 마지막 대사에서 자신의 죽음을 예측한다. "나는 정오에 잠자리에 들겠다." 희곡은 광대가 실제로 죽었는지 아닌지를 드러내지 않는다. 5막 3장에 나오는 "가련한 광대가 목을 매었다"는 대사는 코델리아의 죽음을 이르는 말이다. 광대는 그의 역할을 완수했다. 즉 코델리아가 추방되자 그녀의 역할을 대신했고, 그녀가 다시 나타나자 사라져버린 것이다. 코델리아와 광대는 모두 리어를 돌보는 후견인이다. 따라서 한 사람이 있으면 다른 사람은 필요가 없다.

리어와 그의 동맹자들은 왕이 도버로 피해야 한다는 글로스터의 경고에 귀를 기울인다. 왕과 그의 추종자들이 가버리고 혼자 남은 글로스터는 콘월의 분노에 직면한다. 글로스터 역시 퇴장하고, 에드거 혼자 무대에 남는다. 그의 독백이 평행을 달리는 두 개의 플롯을 하나로 묶고, 그의 처지와 왕의 처지가 비슷하다는 점을 지적한다. "그는 딸들에게 쫓겨났고, 나는 아버지에게 쫓겨났구나!" 왕은 잔인한 딸들을 가졌고, 에드거는 잔인한 아버지를 두고 있다. 그러나 에드거는 통치권과 제정신을 모두 잃어버린 왕의 처지와 비교하면 자기는 아무것도 아니라고 생각한다.

 ## 두 눈이 뽑히는 글로스터

글로스터의 성. 콘월이 고네릴에게 편지를 들려 올바니에게 급히 보낸다. 편지에는 프랑스 왕의 침공을 알리는 내용이 들어 있다. 콘월은 글로스터를 찾아서 자기에게 데려오라고 명령한다.

에드먼드는 글로스터가 벌 받는 현장을 보지 않도록 고네릴을 따라가라는 말을 듣는다. 고네릴과 에드먼드가 미처 떠나기도 전에, 오스월드가 소식 하나를 가지고 들어온다. 글로스터가 왕에게 경고해 도버로 도주하도록 도왔다는 것이다.

글로스터가 들어오자, 콘월은 그를 의자에 묶으라고 명령한다. 리건이 그에게 배반자라고 하면서 턱수염을 뽑는다.

콘월이 글로스터의 한쪽 눈을 파내도록 한다. 하인 하나가 고문을 중지시키려고 하자 리건이 칼을 뽑아 찔러 죽인다. 콘월이 글로스터의 다른쪽 눈을 파낸다.

글로스터가 에드먼드에게 도움을 청하자, 리건이 에드먼드가 밀고한 사실을 밝힌다. 이 말을 들은 글로스터는 비로소 자기가 에드거를 오해했음을 깨닫는다. 리건은 혼자서 길을 더듬어 도버로 찾아가라고 글로스터를 내쫓은 다음, 싸우다가 상처 입은 콘월을 돕는다. 두 사람 역시 도버로 향한다.

　　이 장의 효과는 대본을 읽는 것만으로는 충분히 느끼기 어렵다. 글로스터의 눈알을 파내는 끔찍한 광경을 무대에서 보고 그때의 대사를 들어야 비로소 콘월과 리건이 자행하는 악행을 제대로 느낄 수 있다. 글로스터의 징벌을 요구하는 고네릴과 리건은 특히 잔인하고 피에 굶주려 있다. "즉시 그의 목을 매달아요.(리건) / 그의 눈알을 파내요.(고네릴)"

　　에드먼드는 이 무자비한 욕심쟁이들이 자기 아버지의 피를 요구하는 외침을 듣고, 글로스터가 어떤 형벌을 견뎌야 할지 알았을 것이다. 그렇지만 에드먼드는 기꺼이 그들이 시키는 대로 한다. 이 장은 에드먼드의 사악함을 잘 보여준다. 그는 콘월의 사악함과 분노 앞에 무력해진 아버지의 비참한 처지를 즐기고 있는 게 분명하다.

　　이 장에서 콘월이 보여주는 악행은 예상되었던 것이다. 그는 3막의 앞부분에서도 걷잡기 어려운 분노를 터뜨린 바 있다. 이 장에서 관객들은 콘월이 점잖음 따위는 헌신짝처럼 내팽개치는 것을 본다. 그는 문명이라는 얇은 허울 밑에 숨어 있던 야수다. 어쨌거나 콘월은 자기에게는 글로스터를 죽일 권한이 없다는 것은 인정하고 있는 듯하다.

　　그에게 정의의 형식을 갖추지 않고서

사형은 못 내리나 우리의 분노를 만족시킬

권한은 있으니까, 비난은 있겠지만

막을 순 없을 거요.

그는 자신의 심기를 상하게 한 글로스터에게 한껏 분노를 터뜨릴 작정이다. 그는 글로스터를 데려오자 자제 노력 따위는 하지 않는다. 글로스터가 콘월에게 그들은 자기 집에 온 손님이란 사실을 상기시키지만, 콘월도 리건도 주인과 손님 간의 예절 같은 것은 조금도 개의치 않는다. 글로스터의 턱수염을 뽑는 리건의 행동은 그녀가 나이와 지위에 대한 기본적인 존경심도 가지고 있지 않다는 것을 분명하게 보여준다. 글로스터는 백작이며 노대신이다. 리건이 글로스터의 수염을 뽑는 행위는, 노인들을 존경해야 한다는 자연의 질서를 거부하는 것이다. 글로스터는 그 모욕을 당하면서 한탄한다. "이런 몹쓸 짓을 하다니."

글로스터는 하늘의 심판을 믿고 있다. 이것은 리어가 신들에게 심판을 내려달라고 요구하는 것과 다르지 않다. 그렇지만 〈리어 왕〉의 군데군데에서 그런 심판은 있는 것 같지 않다. 글로스터의 두 눈알이 뽑히는 장면이 바로 그런 대목이다. 글로스터가 많은 판단 착오를 범한 것은 사실이지만, 이 경우에도 리어의 경우나 마찬가지로 잘못에 대한 벌이 너무 크다. 리건이 에드먼드의 배신을 폭로하자 글로스터는 이내 자신의 어리석음을 알아차린다. 그의 깨달음은 리어가 자기 잘못을 아는 것보다 훨씬 빠르다.

글로스터의 두 눈알을 뽑는 행위는 너무 잔악해서 콘월의 하인들마저 가만히 있을 수 없을 정도다. 리건과 고네릴, 콘월의 난폭성은 이미 드러난 바 있다. 그들의 행동은 극이 진행될수록 점점 심해지고 있다. 따라서 관객들도 이런 끔찍한 일에 전혀 무방비 상태인 것은 아니다. 하지만 글로스터의 두 눈을 뽑아 구두로 짓밟아버리는 잔혹한 행위는 전혀 예상 밖의 끔찍한 광경이다. 이러한 장면은 셰익스피어의 라틴어 희곡, 특히 〈타이터스 안드로니쿠스〉의 몇몇 장면들에서나 찾아볼 수 있다.

콘월이 부상을 입었을 때 리건이 잠깐이나마 진정한 인간성을 보인다는 점은 흥미롭다. "어쩌세요? 괜찮아요?"라는 걱정스런 질문은 그녀가 사랑과 연민의 능력을 완전히 상실한 이기적인 존재는 아니라는 것을 보여준다. 리건이 인간다운 모습을 보이는 사실상 단 하나밖에 없는 장면이다.

4 막 1 장

때늦은 후회

황야. 장님이 된 글로스터가 그의 소작인 가운데 한 사람인 노인의 인도를 받고 있다. 몸이 성치 않은 백작은 에드거에게 저지른 잘못을 한탄하며 아들의 손을 잡을 수 있는 기회가 다시 한 번 찾아왔으면 하고 바란다. 이제는 아들을 만나도 볼 수 없다. 글로스터가 에드거의 목소리를 듣고 폭풍우가 일던 밤 만났던 가난한 톰을 기억해낸다. 그가 가엾다는 생각이 든 글로스터는 소작인을 보내 얼마간의 옷가지를 가져오게 해서 그 실성한 거지에게 입히라고 한다.

글로스터는 자기를 도와주었다고 불이익을 당할까 걱정되어 노인을 보내고, 톰에게 도버까지 안내를 부탁하며 그곳에서 가장 높은 절벽으로 데려다달라고 한다. 톰은 그 청을 받아들인다.

막이 오르면서 시작되는 독백에서 에드거는 최악의 고비는 지나갔고, 지금보다 더 끔찍한 일은 일어날 수 없다고 말한다. 하지만 에드거는 눈먼 글로스터를 보면서 자기 처지가 더 나빠졌다는 것을 깨닫는다. 글로스터를 안내한 소작인은 생명이 위험한데도 자리 뜨기를 거부한다. 두 사람의

대화는 매우 재미있다.

노인: 나리는 나리의 갈 길을 보지 못하십니다.
글로스터: 내겐 갈 길이 없다네. 그러니까 눈이 필요 없지.
난 오히려 보이면 비틀거린다네.

이 대사는 글로스터의 실수를 잘 설명해 주고 있다. 그는 시력이 있을 때는 작은아들이 꾸민 속임수를 볼 수 없었다. 이를테면 과거의 시력은 그가 갈 길을 보는 데 도움이 되지 못했던 것이다. 이제는 시력을 잃고 마침내 진실을 보게 되었지만, 잃어버린 맏아들을 찾을 길이 없다. 글로스터에게는 눈을 잃은 것이 오히려 도움이 된 셈이다. 그의 유일한 소원은 '살아서 에드거를 다시 만져볼 수 있게' 되는 것이다.

여러 면에서 비운에 대한 글로스터의 반응은 리어와 유사하다. 글로스터 역시 하늘의 정의에 절망감을 느끼며, '장난 삼아 우리를 죽일 수 있는' 신들에게 의심을 품는다. 그리고 비극의 한가운데서 인간성을 되찾는다. 옷을 가져다가 가난한 톰에게 입혀주라는 눈먼 노인은 1막에 등장하는 글로스터와는 전혀 다른 사람이다. 극이 시작되는 장면에서 백작은 재미를 보다가 에드먼드를 태어나게 했다고 자랑삼아 떠벌였었다. 지금은 그런 치기(稚氣) 대신 가난한 톰에 대한 동정심이 넘치고 있다.

이 같은 동정심은 글로스터가 과거의 행동을 후회하고 있음을 나타낸다. 이제는 전에는 눈에 들어오지도 않았던 사람들과 가진 것을 나누려고 한다. 이런 행동은 3막 4장에서 리어가 가난하고 불쌍한 사람들을 생각하는 것과 유사하다.

4막 2장

아내를 나무라는 올바니

올바니 공작의 궁전 바로 밖. 고네릴과 에드먼드가 서 있다. 오스월드가 올바니가 다른 사람이 되었다는 소식을 가지고 들어온다. 집사는 올바니가 프랑스의 침공 소식에 기뻐했고, 아버지를 배신한 작은아들 에드먼드가 글로스터를 승계했다는 얘기를 듣고는 불쾌감을 보였다고 이야기한다. 이 말을 들은 고네릴은 군대의 지휘권을 장악하고 자기가 올바니를 상대할 테니 에드먼드는 콘월에게로 돌아가라고 지시한다. 두 사람이 헤어질 때 고네릴은 에드먼드에게 다정하게 대하며 작별 키스를 해준다. 에드먼드가 떠난 후, 고네릴은 약해빠진 남편보다 에드먼드가 좋은 인상을 준다고 속마음을 털어놓는다.

올바니가 들어와서 화를 내며 불효막심한 딸이라고 고네릴을 나무라고, 고네릴과 리건이 늙은 아비를 공격하는 호랑이 같다고 말한다. 사자(使者)가 들어와서 콘월이 글로스터의 눈알을 파내다가 입은 상처로 죽었다는 소식을 전한다. 올바니는 글로스터가 고문을 당했다는 소식에 놀라면서 콘월이 천벌을 받은 것이라고 말한다. 올바니는 콘월이 아버지를 고문하도록 내버려둔 에드먼드에게 복수를 맹세한다.

고네릴은 젊고 잘생긴데다가 고분고분 말을 잘 듣는 에드먼드에게 이끌린다. 그녀는 에드먼드가 자기 남편보다 더 매력적이라고 생각한다. 고네릴은 남자가 자기에게 복종하기를 기대하면서 한편으로는 그가 원하는 것을 차지할 의지와 힘을 가지고 있기를 바란다. 즉 자기 성격과 어울리는 남자를 원하는 것이다. 고네릴에게는 결혼한 몸이라는 사실이 걱정되지 않는 것 같다. 그녀는 올바니가 변했다는 소식을 접하자, 더욱 에드먼드에게 매력을 느낀다.

올바니가 고네릴을 보자마자 하는 말은 그가 극이 처음 시작될 때와는 영판 다른 사람이 되었음을 보여준다. 전에는 아내와 맞서기를 망설였지만 이제는 그녀의 사악함을 대놓고 꾸짖는다. "당신은 바람에 휩쓸려 당신 얼굴에 부딪치는 먼지만도 못한 사람이야." 이 같은 인신공격은 올바니가 아내와는 정반대로 매우 도덕적이고 인간적이란 것을 보여준다. 고네릴을 공격하는 그의 말에서 알 수 있듯이, 고네릴은 혼돈을 야기하는 반면, 올바니는 자연의 섭리와 유기적 틀 속에서의 자연의 작용을 인정하고 있다.

자신의 근원을 경멸하는 성품은

분명한 한계 안에 갇히기 어렵고,

영양분을 공급하는 가지에서 자기 몸을
잘라내는 여자는 반드시 말라 죽어
땔감으로 사용될 것이오.

올바니는 자연의 섭리를 따르는 것이 생존에 아주 중요하다는 것을 인정한다. 이 세상의 혼돈을 제거하기 위해 아버지와 자식, 왕과 신하, 하느님과 왕의 상하관계가 절대적으로 필요하다고 보는 것이다. 고네릴은 리어를 대하는 행동에서 그 자연의 질서에 역행했고, 그 결과 야기된 혼돈과 무정부상태가 그를 돌아서게 만든 것이다.

올바니는 콘월이 죽었다는 소식이 하늘의 심판이 있다는 증거라고 지적하면서 이것이 고네릴에 대한 경고라고 말하지만, 고네릴은 그 말을 무시하고 더 큰 걱정 — 과부가 된 리건이 에드먼드와 결혼할 수 있게 되었다는 것 — 으로 초점을 돌린다. 고네릴은 자기가 남편을 지배할 수 있으리라고 생각한다. 그녀는 자기가 왕국의 반쪽 상속자란 사실과 그 지참금에 대해 남편이 기억해 주기를 기대하고 있다. 그러나 올바니는 콘월보다는 심지가 굳다. 전에는 고네릴이 잘못이라고 생각해도 맞서기를 주저했지만, 콘월과는 달리 악한 일에는 동참하지 않는다. 콘월은 글로스터를 고문해서 장님으로 만들었지만, 올바니는 글로스터가 장님이 되었다는 것을 알고 진심으로 충격을 받는다.

 이렇게 올바니는 아내와 맞섬으로써 극적인 변화를 겪
는 사람들 가운데 하나가 된다. 그는 보다 강하고 남을
동정할 줄 아는 사람으로 변모한다. 현재 최고위 귀족인 올바
니는 프랑스군의 침공에 대항해서 영국을 지킬 수밖에 없을
것이다. 그러나 그는 아내가 아니라 리어를 지키는 사람들과
함께할 것임을 암시하고 있다.

　　여기서 고네릴의 역할은 엘리자베스 시대의 대다수 여
인들과는 대조적이다. 그 시대의 여인들은 남편에게 완전히
복종했다. 하느님에서 왕으로, 왕에서 신하(언제나 남성)로,
남성에서 여성과 아이들로 이어지는 것이 권위의 사슬이었다.
엘리자베스 1세는 한 남성에게 복종하느니 차라리 결혼을 거
부했다. 그러나 고네릴은 자기를 최고권력자로 보고 있다. 그
시대의 현실과는 모순되는 상황이다.

4막 3장

프랑스군 진영을 찾아간 켄트

도버 근처의 프랑스군 진영. 켄트는 프랑스 왕이 돌아갈 수밖에 없게 되었다는 얘기를 듣는다. 켄트가 신사에게 그의 편지를 읽은 코델리아의 반응을 묻고, 코델리아가 감정을 잘 억제했다는 사실을 알게 된다. 켄트는 코델리아가 별들의 영향으로 언니들과는 전혀 다른 사람이 되었다는 대답을 한다. 여전히 변장하고 있는 켄트는 그 신사를 도버에 있는 리어에게 데려갈 것이며, 적당한 시기에 자기 정체를 밝히겠다고 말한다.

프랑스 왕은 그의 나라로 돌아가야 한다. 몇 해 전에 있었던 스페인의 침공을 아직도 잊지 못하고 있는 관객들에게 프랑스의 영국 침공은 너무나 섬뜩하게 보일 것이기 때문이다. 프랑스 왕이 본국으로 돌아가는 이유는 중요하지 않기 때문에 이 문제는 모호하게 처리하고 있다. 중요한 점은 당시의 정서상 코델리아의 남편이 남아 부녀의 만남에 오점을 찍고, 또 극의 마지막 장면에 끼어드는 것을 용납할 수 없다는 사실이다. 따라서 프랑스군의 장군이 잔류해 군을 지휘하지만, 관객들은 영국인인 코델리아가 아버지를 수호하는 군대를 이끌 것이라고 이해하게 된다.

켄트의 요청에 따라 신사는 아버지 소식을 접한 코델리아의 반응을 이야기한다. 그녀가 눈물을 흘리며 말없이 조용히 생각에 잠겼다는 사실은 그녀가 아버지의 처지를 안타까워하고 있으며, 언니들과는 다르다는 것을 보여준다. 켄트는 별을 가리키면서 별들의 영향으로 그녀가 언니들과는 딴 사람이 되었다고 말한다. 별을 언급함으로써 세 자매 중 한 사람의 덕성과 다른 두 사람의 부덕을 운명 탓으로 돌려 리건과 고네릴에게서 악행의 책임을 면하게 해주는 것이다. 이 대화는 나중에 하늘의 심판을 이해하는 데 중요하다. 올바니는 하늘의 심판을 믿지만 리어와 글로스터는 그것이 과연 존재하는지 의심을 품고 있다. 하늘의 심판을 이해하려고 할 때, 운명의 역할은 몇 가지 복잡한 문제를 생각하게 만든다. 켄트의 말을 액면 그대로 받아들인다면, 코델리아의 죽음은 하늘의 심판이 아니라 운명과 관련된 것이기 때문이다. 어떤 사건을 설명할 때, 하늘의 심판, 실은 하느님이 개입한다는 생각은 운명에 의존하는 사고방식과는 공존할 수 없다. 물론 이 작품의 시대 배경이 기독교 이전이라는 사실을 기억하는 것은 중요하다. 하지만 셰익스피어와 그의 관객들은 유대-기독교 세계에서 살고 있다.

코델리아, 아버지의 수호자로

도버 근처의 프랑스군 진영. 코델리아가 이제 프랑스군을 이끌고 아버지를 지킬 책임을 맡고 있다. 아버지의 정신이 온전치 못하다는 사실을 알게 된 코델리아는 리어를 찾아보라며 장교 한 사람을 급파한다. 그녀는 의사에게 왕의 정신을 회복시킬 방도가 없겠느냐고 묻고, 아버지의 정신이 완전히 망가지지 않았기를 기원한다. 전령이 영국군이 당도했다는 소식을 가지고 들어온다. 코델리아는 프랑스군을 이용해서 아버지를 지킬 준비를 한다.

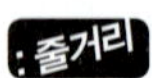

이 장이 시작되면서 나오는 대화는 리어의 외모를 묘사한다. 이 대화를 통해 왕의 처지가 얼마나 몰락했는지를 알 수 있다. 1막에서 리어는 왕의 망토를 걸치고 있었는데 지금은 잡초로 몸을 가리고 있다. 들판의 꽃으로 몸을 가릴 수도 있는데 리어가 잡초로 몸을 가렸다는 것은 의미 있는 행위다. 왕의 기질은 제멋대로 자라는 잡초처럼 난폭하고 제어하기 어렵다. 잡초는 무계획적이고 혼돈된 상태를 나타낸다.

왕은 조심스럽게 행동하며 반항적인 '잡초들'이 생겨날 가능성에 충분히 대비해야 한다. 리어의 외관은 왕이 왕국을 제대로 돌보지 않고 어리석게도 권력을 이양한 결과를 나타낸다. 리어와 그의 왕국은 정성껏 가꾼 정원처럼 보이지 않고 방치된 흔적이 역력하다. 둘 다 마구 퍼지는 잡초들로 오염되어 있는 것이다. 잡초로 몸을 감싼 리어는 왕국의 현실을 은유적으로 표현한다고 볼 수 있다. 전령이 들어오면서 코델리아의 구원자 역할이 강조된다. 그녀는 프랑스 침공군의 우두머리가 아니라 아버지를 구하고 지키는 사람으로 그곳에 있는 것이다.

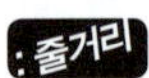 **줄거리**

서로에게 등을 돌리는 고네릴과 리건

글로스터의 성. 오스월드가 리건에게 올바니의 군대가 배치되었지만, 올바니가 마지못해 군대를 파견했다고 이야기한다. 리건은 그 소식보다는 고네릴이 오스월드편에 에드먼드에게 보낸 편지에 더 관심이 있다. 리건은 고네릴이 에드먼드에게 연정을 품고 있는 것을 알고 있다고 하면서, 에드먼드는 과부인 자신의 남자가 되어야 한다며 그 편지를 달라고 요구한다. 그리고 글로스터를 찾으면 죽여버리라는 지시도 내린다.

풀어보기

올바니가 아내의 뜻에 따르기를 꺼린다는 것은 마지못해 군대를 이끌고 왕국을 지키러 나갈 때 분명하게 드러난다. 오스월드는 올바니가 머뭇거리는 것을 보고 고네릴이 올바니보다 더 훌륭한 군인이라고 말한다. 그는 올바니가 아내의 강력한 의지에 굴복했다고 본 것이다. 그러나 오스월드는 도덕성에 대해 생각하는 데는 익숙지 않다. 고네릴의 하인으로서 그저 아무런 의심 없이 지시를 따를 뿐이다.

리건이 글로스터가 비참한 처지에서 벗어나기를 바란
다는 것은 역설적이다. 그녀가 바로 그를 그러한 지경
에 빠뜨린 장본인이 아니던가. 글로스터에 대한 동정심은 그
녀가 여론을 의식한다는 징표다. 하지만 이런 생각도 잠시뿐

이다. 이미 그녀는 그를 죽이라고 에드먼드를 파견했고, 고네릴의 편지에 관심이 많다. 리건은 고네릴이 에드먼드에게 호감을 가지고 있는 것이 아닌지 의심하는 게 분명하다. 그녀는 노골적으로 그 편지를 내놓으라고 오스월드를 윽박지른다. 리건은 에드먼드와는 서로를 이해하고 있고 관계도 보통이 아니라는 암시를 준다.

이 장의 끝부분에서 관객들은 고네릴과 리건이 같은 편이 아니라는 사실을 알게 된다. 서로 사실을 감추고 음모를 꾸미는 경쟁자가 된 것이다. 두 자매가 에드먼드를 놓고 경쟁한다는 것은 그가 더 이상 글로스터의 사생아가 아니라는 것을 나타낸다. 두 공주가 에드먼드의 주의를 끌려고 경쟁함으로써 그의 지위를 합법화해 주고 있다. 글로스터를 죽이라고 에드먼드를 보낸 리건이 오스월드에게 다시 그 노인을 죽이라고 지시한다. 그녀는 글로스터가 혹시 살아남아 지난 일을 폭로할까봐 아예 그 싹을 잘라버리려는 것이다.

4막 6장

아버지와 아들

　　도버 근교의 시골. 에드거가 아버지를 어디론가 인도하고 있다. 에드거는 고통스러워하는 노인에게 그곳이 절벽 근처라고 말한다. 에드거가 절벽 밑의 무시무시한 바다 풍경을 이야기하자 글로스터는 안내자에게 감사를 표하고 수고한 대가로 보석을 건넨다. 글로스터는 마지막 기도를 올린 후, 앞으로 쓰러져 의식을 잃는다. 글로스터가 깨어난다. 에드거는 어렵지 않게 아버지가 절벽에서 떨어졌지만 다행히 목숨을 건졌고, 그를 안내했던 거지는 정말 나쁜 놈이었다고 믿게 만든다. 그리고 신들이 그의 죽음을 허락하지 않았기 때문에 살아난 것이라고 말한다. 이 설명을 곧이 곧대로 받아들인 글로스터는 이제부터는 고통을 잘 견디겠다고 맹세한다.

　　리어가 들어온다. 글로스터가 리어의 목소리를 알아듣는다. 글로스터는 리어가 두서없이 중얼거리는 소리를 듣고 연민을 느낀다. 리어와 글로스터는 정의의 역할에 관해 토론한다. 대화의 마지막 부분에서 왕의 광증이 다시 도진다.

　　코델리아가 리어를 찾으러 보낸 신사와 수행원들이 도착한다. 하지만 리어는 겁을 집어먹고 그들을 피해 달아난다. 리어를 뒤따라가기 위해 무대를 떠나기 전에 신사는 에드거에게 양측 군대가 가까이 와 있으므로 곧 전투가 벌어질 것이라고 말한다. 에드거가 글로스터를 안전한 곳으로 피신시키려고 할 때 오스월드가 나타난다. 글로스터를 본 오스월드는 자기가 쫓던 사냥감을 찾았다고 하면서 노인을 죽이겠다고 말한다. 에드거

가 그를 막는다. 둘 사이에 싸움이 벌어지고 오스월드는 살해된다. 죽어
가는 집사가 에드거에게 자기 편지를 에드먼드에게 전해 달라고 부탁한다.

에드거는 여전히 가난한 톰으로 위장하고 있다. 그러
나 차림새는 전보다 좋아져서 담요 한 장으로 몸을 가
린 거지가 아니라 농부의 모습이다. 더욱 중요한 사실은 아버
지를 대하는 태도에 연민과 이해심이 깃들어 있다는 점이다.
아버지를 용서한 것이다. 그의 목소리에 그런 감정이 배어 있
다. 셰익스피어는 에드거로 하여금 운문으로 말하게 함으로써
그런 변화를 나타내고, 관객들에게 에드거가 극의 전반부와는
다른 사람이 되었다는 것을 알려준다.

글로스터는 가공의 절벽으로 뛰어내리기 직전에 신들
의 힘을 인정한다. 전에는 신들의 공정성을 의심했던 그였다.
그리고 에드거가 복을 받도록 해달라고 기도한다. 이 장면은
에드거가 정체를 밝히지 않기 때문에 관객들의 마음을 아프게
한다. 의식을 되찾은 글로스터는 자기가 정말로 절벽에서 떨
어졌느냐고 묻고, 곧 하는 수 없이 목숨을 건졌다는 사실을 받
아들인다. 이어서 그는 자기에게 닥친 고난을 수긍하고 신들
이 그가 충분히 고통을 당했다는 판정을 내릴 때까지 견디겠
다고 맹세한다.

 에드거는 글로스터가 절벽 아래로 '떨어지기' 전 아버
지가 치유될 수 있도록 정체를 숨기겠다고 말한다. 그
러나 그는 글로스터가 의식을 되찾은 후에도 밝힐 기회가 충
분히 있었지만 진실을 털어놓지 못한다. 이 극의 주요한 요소
는 각 등장인물들이 자신의 믿음과 가치관, 힘을 시험하는 환
경에 대응하면서 진화해 가는 모습이다. 만약 이 시점에서 글
로스터가 에드거와의 갈등을 해소한다면, 자기 발견을 향한
움직임은 정지되고 말 것이다.

리어가 다시 한 번 "내가 바로 왕이다"라고 외치면서
들어온다. 그는 왕국도 없고, 외모도 왕의 그것과는 거리가 멀
지만, 신들이 그를 왕으로 만들었기 때문에 신들만이 그를 왕
의 자리에서 끌어내릴 수 있다. 그는 글로스터의 목소리를 듣
고 긴 독백을 시작한다. 이 독백을 통해 그는 딸들에게 배신당
한 후 알게 된 사실을 털어놓는다. 그는 높은 지위에 있는 사
람에게는 아첨이 위험하다는 것을 깨닫게 되었다. 큰딸들의
아첨을 받아들였기 때문에 거짓말을 진실로 믿었던 것이다.
"그들은 개처럼 내게 아첨했어. 그리고 내 수염이 아직 까만
데도 하얗다고 말했어."

"하얀 수염이 난 고네릴!"이란 그의 대사는 리어가 글
로스터를 고네릴로 착각했다고 해석할 수 있다. 하지만 그보
다는 리어가 고네릴에게 말하면서 고네릴이라고 생각하는 그
사람을 반기지 않고 있다는 가능성이 더 크다. 그는 흰 수염이

난 고네릴을 상상하면서 맏딸이 아버지의 권위를 차지함으로써 자연의 질서를 거슬렀다고 주장하고 있는 것이다. 지식의 상징인 흰 수염은 맏딸의 통치를 나타내는 겉모습이다.

다음에 리어는 간음과 성욕에 대한 이야기를 늘어놓는데, 이것은 리건과 고네릴이 지나친 욕망의 희생자가 되었다는 생각과 잘 들어맞는다. 지나친 욕망은 지나친 성욕과 밀접한 연관이 있기 때문이다. 그는 딸들이 반인반마의 괴물 센타우로스라고 말한다. 센타우로스는 저열한 동물적 욕망과 결합된 인간의 복잡한 지적 능력을 상징하며, 인간이 동물적 본능에 취약하다는 사실을 묘사하고 있다.

리어는 다시 정의의 문제로 화제를 돌린다. 왕은 정직하다고 떠벌이는 자들이 흔히 정직하지 않고, 재판관들조차 부패하고 뇌물에 좌우될 수 있다는 것을 알게 되었다. 따라서 그는 무정부상태로 돌아가 재판의 규칙을 새로 바꿔야 한다고 주장한다. 이렇게 부정직이 횡행하는 가운데서는 정의가 존재하지도, 존재할 수도 없다고 우려하는 것이다.

모든 사람들이 자신의 약점과 인간성을 받아들여야 한다는 리어의 깨달음은 글로스터가 이전에 깨우쳤던 사실과 평행을 이루고 있다. 직접 고통을 당해 본 리어는 자기 또한 신의 심판에서 예외일 수 없다는 것을 알게 되었다. 그는 사위들이 죽었으면 좋겠다고 말하는데, 광증이 더욱 뚜렷이 나타난다. 리어는 자신을 운명의 희생자라고 생각한다. 마침내 공포에

사로잡힌 그는 그를 찾으려고 나타난 신사와 수행원들을 피해 달아난다.

신사가 리어에게는 자연에 순응하고 비참한 처지에서 그를 구해내려는 딸이 하나 있다는 사실을 글로스터와 에드거에게 상기시킨다. 그는 또한 관객들에게 전투가 임박했음을 알려준다. 리어의 외모와 행동에 마음이 흔들린 글로스터는 신들에게 절망에서 자기를 구해 달라고 기도하고, 다시는 자살 시도를 하지 않겠노라고 약속한다.

인물탐색 오스월드가 결국 죽음을 자초하고 만다. 에드거의 경고를 받고서도 살해 지시를 이행하려고 덤비는 것이다. 복종과 자기 분수를 무엇보다 중시하는 그는 4막 2장의 초반부에서는 올바니가 고네릴이 이룬 모든 것을 거부하는 모습에 어리둥절했었고, 여기서는 그가 글로스터를 죽일 수 있도록 농부가 자리를 비켜줄 것이라고 기대한다. 그는 에드거에게까지 고네릴의 편지를 부탁할 정도로 책임감이 투철한 인물이다.

4막 7장

만남

프랑스군 진영의 막사 안. 코델리아가 켄트가 한 일에 대해 감사를 표한다. 잠시 후, 잠이 든 리어가 텐트 안으로 옮겨지고, 코델리아는 특유의 점잖은 태도로 아버지를 환영한다. 의식이 돌아온 왕은 어리둥절해서 지금 있는 곳이 프랑스냐고 묻는다. 켄트가 리어에게 그 자신의 왕국에 있는 것이라고 안심시킨다. 리어, 코델리아, 의사가 퇴장한다. 켄트와 신사가 최근의 전황에 대해 이야기한다.

코델리아는 켄트의 선행이 헤아릴 수 없을 정도라고 치하한다. 켄트의 계획이 구체적으로 어떤 것이며 그의 정체를 밝히는 것이 어째서 그 계획의 실행에 방해가 되는지는 분명치 않지만, 리어에 대한 충성심만은 분명하다. 이 장의 끝부분에서 켄트는 "나의 장래가 오늘의 전투에 달려 있다"고 말한다.

켄트의 운명은 왕의 운명과 밀접하게 연결되어 있다. 그 의미는 극의 마지막 장면에서 뚜렷하게 밝혀진다.

구조된 이후로 리어는 줄곧 잠을 자고 있다. 코델리아

에게로 옮겨져 올 때도 여전히 잠을 잔다. 잠에서 깨어난 그는 지옥에 있는 것으로 생각한다.

무덤에서 날 꺼낸 건 잘못한 일이오.
그대는 열락 속의 영혼이나 이 몸은
불수레에 매달려 눈물이 납물처럼
지지는구려.

지옥에서 천사에게 구출되었다고 생각하는 것이다. 그가 머릿속에 지옥을 그리는 것은 놀라운 일이 아니다.

코델리아가 구원하기 전까지 바로 지옥 같은 생활을 해왔기 때문이다.

앞의 장에서 리어는 고통을 겪으면서 알게 된 많은 일을 이야기했다. 그러나 이 짧은 장에서 그는 다른 중요한 교훈들도 배웠음을 분명히 보여준다. 그는 코델리아를 향해 말하면서, 왕위나 사랑의 깊이를 시험하는 일(1막)에 대해서는 일언반구 언급하지 않는다. 이제는 자기가 잘못 생각할 수도 있다는 점을 인정하고, 코델리아가 자기를 미워할 것도 충분히 예상하고 있다. 그가 마침내 "이 귀부인이 / 내 딸 코델리아인 것 같군" 하고 말할 때는 다시 한 번 제정신이 돌아온 상태다.

리어가 정신이 돌아온 것을 반기는 음악은 모든 것이 조화로운 상태로 되돌아간다는 신호다. 이 음악이 리어와 큰딸들 간의 불화를 나타내는 폭풍우와 천둥소리를 대체한다. 리어가 코델리아와 만나면서 리어의 세계에 질서가 다시 찾아온다. 이 장에서는 코델리아와 그녀의 언니들의 대비가 특히 극적으로 나타난다. 코델리아는 복수할 뜻이 없다. 그녀는 아버지가 자기를 오판한 대가로 고통당하는 것을 원치 않는다. 그녀의 이런 덕성스러움과 순수함 때문에 많은 비평가와 학자들이 코델리아를 그리스도 같다고, 하느님의 선함을 나타낸다고 말하고 있는 것이다.

5막 1장

자매의 암투

리건, 에드먼드, 그리고 군사들이 도버 근처에 있는 영국군 진영에 모여 있다. 리건이 에드먼드에게 고네릴에 대해 어떤 감정을 가지고 있느냐고 캐묻는다. 에드먼드가 그녀의 언니와는 가까이 지내지 않겠다고 약속한다.

고네릴과 올바니가 들어온다. 올바니가 프랑스 침입자들에 맞서 왕국을 지킬 생각이라고 말한다. 고네릴은 이 전투는 집안싸움이 아니고 어디까지나 외부의 적에 대항해서 나라를 지키기 위한 싸움이라고 주장한다.

여전히 가난한 톰으로 위장하고 있는 에드거가 올바니에게 오스월드에게서 받은 편지를 건넨다. 고네릴이 에드먼드에게 자기 남편의 살해를 지시한 내용의 편지다. 에드먼드가 들어와서 적군이 가까이 왔다는 소식을 전한다.

이 장은 처음부터 리건이 고네릴과 에드먼드의 관계에 매우 신경을 쓰고 있다는 것을 보여준다. 리건은 진실을 알고 싶다고 말하지만, 듣고 싶은 내용일 경우에만 진실을 알고 싶어할 뿐이다. 따라서 에드먼드는 그녀가 듣고 싶어하는 얘기를 들려줄 수밖에 없다. 자기와 고네릴의 관계는 '명예로운 사랑'일 뿐이란 것이다. 에드먼드는 왕국을 차지하겠다는 야망을 품은 다음부터 귀족의 말투를 쓰고 있다.

올바니는 고네릴에게 다가오는 전투에 대한 입장을 분명히 하려고 한다. 올바니의 말에서 정의롭고 정직한 모습이 엿보인다. 왕과 그의 추종자들은 왕국의 적이 아니지만, 프랑스의 침공은 자기가 부하들을 이끌고 전쟁터로 나갈 충분한 명분이 된다는 것이 그의 입장이다. 리어와 그를 따르는 사람들은 적으로 돌리지 않고 다만 외부의 침입자로부터 나라를 지키기 위해 전쟁을 한다는 것이다. 다른 사람들은 올바니의 협력을 이끌어내기 위해 그의 견해에 동조한다.

이 장에서 고네릴과 리건의 갈등은 물론, 에드먼드를 놓고 벌이는 경쟁 역시 더욱 뚜렷해진다. 고네릴을 믿지 않는 리건은 언니가 잠시라도 에드먼드와 단둘이 있는 것을 허용하지 않는다. 고네릴이 에드먼드와 함께 후방에 남아서는 안 된다고 고집을 부리는 리건의 모습에서 둘 사이의 거리가 뚜렷이 느껴진다.

1막에서는 고네릴과 리건은 일사불란하게 행동하면서 리어에게 아첨했다. 2막에서도 그들은 연합해서 리어의 수행원들을 줄이도록 했다. 그러나 3막에서 에드먼드가 끼어들면서 둘 사이가 완전히 벌어지게 된다. 한편, 에드먼드는 자신의 음모를 실행하기에 바쁘다. 야심이 점점 커진 그는 고네릴이 올바니를 죽이고, 이어 리건이 고네릴을 살해하면 리건과 결혼할 것을 꿈꾸고 있다. 리어와 코델리아가 죽으면 왕으로 나라를 통치할 수도 있게 된다. 서출 천덕꾸러기에 불과했던 그가 일국의 왕을 꿈꾸게 된 것이다.

5막 2장

패전

영국군 진영과 프랑스군 진영 사이에 있는 들판. 코델리아와 리어, 그리고 그들의 군대가 전투를 하기 위해 전진하고 있다. 에드거가 전투가 벌어지는 동안 글로스터가 피신할 장소를 찾는다. 그는 아버지를 안전한 곳으로 피신시킨 후, 떠난다. 전투 소리가 들린다. 얼마 후에 돌아온 에드거가 글로스터에게 더 안전한 장소로 가자고 말한다. 리어의 군대가 패하고 왕과 코델리아가 포로로 잡혔기 때문에 그곳도 위험하다는 것이다.

주제 탐색 "사람들은 참아야 한다"는 에드거의 말은 셰익스피어 시대의 일반적인 생각을 반영하고 있다. 고통을 감내하는 것은 17세기 삶의 중요한 부분이었고, 기독교 사상의 근본적 믿음이었다. 이런 의미에서 욥기는 성경의 단순한 일부분이 아니었고, 모든 인간의 삶을 설명하는 중요한 교훈이었다. 욥의 시련이 실제로 있었던 역사적 사건이라고 생각했다. 그 사건은 하느님께서 사람들이 나중에 보상받는 데 필요한 고통을 더 쉽사리 받아들일 수 있도록 하기 위해 계획했고, 모세가 기록했다는 것이다. 간단히 말해, 당시에는 고통을 참고 견디는 것이 하느님과 함께하는 영광과 더 큰 행복을 얻는 길이라고 생각했다.

욥의 고통은 기꺼이 감내하고자 하는 생각 때문에 더욱 심해지지만 다음과 같은 반응을 보일 뿐이다. "우리가 하느님께 복을 받았은즉 재앙도 받지 아니하겠느뇨."(욥기 2:10) 욥은 더 이상 고통을 견딜 수 없는 지경이 되었을 때도 하느님을 저주하지 않는다. 대신 자기가 이 세상에 태어난 날을 저주한다. 상실과 고통에 대한 욥의 인내심은 놀랄 만하다. 욥의 이런 태도가 에드거의 본보기가 되고 있는 것이 분명하다. 그는 시련을 참을성 있게 견뎌낸다. 마침내 욥도 자신의 고통에 대해 의심하기 시작한다. 그러자 하느님의 질책이 뒤따르고, 욥은 하느님의 영광을 다시 떠올린다. "내가 땅을 세울 때 너는 어디 있었느냐?"(욥기 38:4) 고통을 기꺼이 감내하는 에드거는 하느님께서 인내의 보상을 내린다는 욥기의 내용에서 힘을 얻었을지도 모른다. 〈리어 왕〉의 시대는 기독교 이전이지만, 기독교의 영향이 극의 내용에 분명하게 나타난다. 에드거가 아버지에게 그들은 참아내야 한다고 상기시키는 대목이 그 좋은 예다.

5막 3장

죽음, 죽음, 죽음…

도버 부근의 영국군 진영. 리어와 코델리아가 포로로 끌려 들어오고 에드먼드가 그들을 잡은 군대의 지휘관이다. 두 사람이 감옥으로 끌려갈 때, 에드먼드가 한 장교에게 쪽지를 건네며 명령을 즉시 이행하라고 지시한다.

올바니, 고네릴, 리건이 에드먼드와 합류한다. 올바니는 두 포로를 자기에게 넘기라고 요구한다. 에드먼드가 두 사람은 안전하게 가둬 병사들의 충성심이 분산되지 않도록 해야 한다며 요구에 응하지 않는다. 올바니가 에드먼드와 고네릴을 반역죄로 체포하라고 명령한다.

올바니가 에드먼드의 혐의를 뒷받침할 사람은 누구든지 나오라고 요구한다. 에드거가 들어온다. 그는 정체를 밝히지는 않고 올바니에게 자기 신분이 에드먼드만큼 고귀하다고 힘주어 말한다. 두 형제는 싸우기 시작하고, 에드먼드가 쓰러진다. 고네릴이 에드먼드가 배신을 당한 것이라고 말하자, 올바니가 문제의 편지를 내놓는다. 고네릴은 그 편지를 썼다는 사실을 부인하지 않고 도망친다.

에드먼드가 혐의 내용을 인정한다. 정체를 밝힌 에드거가 최근에 일어난 사건들을 동생에게 이야기한다. 그가 정체를 밝히자, 아버지가 그 충격을 이기지 못하고 심장마비를 일으켰다는 소식도 전한다. 그리고 켄트가 변장하고 왕을 옆에서 도왔다는 이야기도 한다.

신사가 들어와서 고네릴이 자살했으며, 자살 전에 리건을 독살했다

는 소식을 알린다. 고네릴이 리어와 코델리아의 살해 계획을 세웠다는 사실을 알게 된 올바니는 서둘러 한 장교를 보내 두 사람을 보호하라고 이른다. 그러나 때는 이미 늦었다. 리어가 죽은 코델리아를 품에 안고 들어온다.

올바니가 리어가 왕이며, 충성스런 신하들이 그를 섬길 것이라고 말한다. 그러나 잠시 후 왕이 막내딸의 시체 위로 쓰러져 죽는다. 올바니가

켄트와 에드거에게 함께 왕국을 통치해야 한다고 통보한다. 켄트는 자기
는 주인을 따라 곧 이 세상을 하직할 작정이라고 말한다. 에드거가 이 사
건을 후세에 알리는 슬픈 책임을 떠맡게 된다.

인물탐색 마지막 장에서 주요 플롯과 보조 플롯이 결말을 맺는다.
이 장은 리어와 코델리아가 에드먼드의 포로가 되는
것으로 시작된다. 포로가 된 코델리아는 에드거와 글로스터가
보였던 것과 똑같은 냉철한 반응을 보인다. "최선의 의도를
가지고도 최악의 결과를 맞은 사람이 우리가 처음은 아니랍니
다." 그녀는 사태 진전에 용감하게 맞서면서도 자기네들이 위
험에 처했다는 것을 알아차린다. 리어는 코델리아와 달리, 자
신들이 처한 위험을 모른다. 코델리아와 함께 있는 것이 그저
기쁠 따름이다. 전쟁에서 패해 포로가 되었다는 사실에는 관
심도 없다. 그는 에드먼드가 그들에게 위해를 가할 인물이라
는 것을 모르고 있는 듯하다. 리어의 눈에는 지금의 행복만이
보일 뿐이다.

리어는 코델리아와 함께 있는 것 이상은 요구하지도 않
고, 나머지 세상에 대해서는 눈을 감아버리려 한다. 큰딸들
의 존재도 잊으려고 한다. 코델리아가 언니들과 만날 가능성
에 대해 묻자 리어는 "아냐, 아냐, 아냐!" 하고 대답한다. 리어

의 미래는 코델리아를 제외한 모든 사람들을 배제하고 있다. 하지만 에드먼드는 다른 계획을 가지고 있다. 그는 리어와 코델리아가 감옥으로 끌려가고 난 후 그 계획을 분명히 밝힌다. 그는 부하장교에게 코델리아의 죽음을 자살로 꾸미라고 지시한다. 장교는 망설이지 않고 그 지시를 받아들인다. 그는 왕과 공주를 죽이는 데 대해 아무런 양심의 가책도 느끼지 않는 것 같다. 에드먼드의 환심을 사야 전쟁이 끝난 후에 밝은 장래를 약속받을 수 있기 때문이다. 태연하게 살인을 자행하는 그의 태도는 〈리처드 3세〉에 나오는 티렐의 행동을 연상시킨다.

 올바니는 크게 변했다. 관객들은 그의 개인적 성장을 보아왔지만, 이 장에서는 그 변화가 더욱 뚜렷이 나타난다. 전쟁이 끝난 후 그가 정국을 장악하려 하는 것이다. 처음에는 에드먼드가 싸움에서 이기도록 도왔지만, 에드먼드가 왕과 코델리아를 체포해 투옥하고 권력을 장악하려 하자 노발대발한다.

올바니는 즉시 에드먼드에게 '반쪽 혈통'만을 타고난 서출임을 상기시킨다. 리건이 에드먼드를 옹호하고 나서자 올바니는 에드먼드를 체포하고 그에게 맞서 싸울 사람을 모집한다. 이어 벌어지는 결투는 〈햄릿〉 끝부분의 결투와는 사뭇 다르다.

기독교의 전통은 몇 차례 성경에 나오는 선과 악의 싸움을 중시한다. 하늘의 심판이 이 같은 결투에 의한 재판의 중요한 요소다. 에드거와 에드먼드의 결투는 선과 악 사이에 계속되고 있는 싸움에 대한 재판이고, 에드거의 승리는 정의의 세력이 부패 세력을 물리친다는 신호다. 마지막에 에드먼드는 전과는 달리 고상한 행동을 보이려고 한다. 정체불명의 낯선 사람과의 결투는 거부해도 된다는 것을 알면서도 명예를 중시하는 전통에 승복해 결투에 응했던 것이다.

치명상을 입은 에드먼드는 상대방을 용서하는 관례를 따르기까지 한다. 셰익스피어가 만들어낸 또 다른 악한 이야기와는 달리, 그는 과거를 후회하고, 코델리아와 리어를 없애라고 한 명령을 철회하려고 한다. 이런 점에서는 글로스터의 혈통을 타고난 사람답게 행동했다고 볼 수 있다.

올바니가 예언했던 것처럼, 고네릴과 리건의 악이 마침내 그들을 파멸시키고 만다. 관객들은 이 장의 첫머리에서 고네릴이 리건을 독살했다는 것을 알게 된다. 올바니가 고네릴의 음모를 비난하자, 그녀는 자살한다. 그보다 먼저 글로스터가 자살을 기도했지만, 정작 자살에 성공하는 사람은 얄궂게도 그토록 강해 보였던 고네릴뿐이다.

올바니가 코델리아와 리어를 구하라고 명령하지만 이미 때는 늦었다. 리어가 코델리아의 시체를 안고 들어옴으로써 하늘의 심판이 정당하다는 생각은 깨지고 만다. 관객들은 콘월과 에드먼드, 리건과 고네릴의 죽음을 보고 신들이 혼돈된 세상에 질서를 회복시킬 것이라는 믿음을 갖게 되었다. 하지만 코델리아의 죽음은 과연 하늘의 심판이 있는가라는 의문을 다시 제기하도록 만든다.

18세기의 관객들은 이 결말이 너무나 짜증스러운 나머지, 마지막에 코델리아가 죽지 않는 〈리어 왕〉을 제작하기도 했다. 그러나 셰익스피어는 관객들이 코델리아의 죽음이 제기하는 고통스런 의문을 피하는 것을 원치 않았다. 글로스터와 리어의 죽음은 받아들일 만하다. 두 사람 모두 심각한 판단 착오를 범했고, 비록 자기들이 초래한 파국의 책임을 인정하게 되었다고는 하지만 이 같은 변화에 대한 자연의 해결책은 그들이 주어지는 장래를 받아들이는 것이었다. 그러나 코델리아는 젊고 아무런 허물두 없으며, 에드거와 마찬가지로 완벽하게 선량하고 순수하다. 그녀의 죽음은 리어를 다시 광증으로 몰아넣는다. 리어로서는 달리 그런 비극을 감당할 방도가 없기 때문이다.

대다수의 셰익스피어 비극이 그렇듯이 극이 끝날 때 무대에는 시체들이 즐비하다. 몇몇 사람은 죽어 마땅한 사람들이고, 다른 몇몇은 악의 애매한 희생자들이다. 쓰러진 리어 주위에 세 딸의 시체가 널려 있다. 1막에서 살아 있는 딸들이 살아 있는 그를 둘러싸고 있던 모습을 생각나게 하는 장면이다. 전통적으로 가장 지위가 높은 사람이 비극의 마지막 대사를 하게 마련인데, 이 극에서는 올바니의 요청에 답하는 에드거의 말이 마지막 대사다. 다른 사람들보다 지위가 높은 올바니는 켄트와 에드거에게 질서를 회복시키는 임무를 맡긴다. 하지만 켄트는 죽은 주인의 뒤를 따르겠다고 한다. 에드거의 마지막 대사 역시 모호해서 어쩌면 그 자신의 빠른 죽음을 예고하는 것인지도 모른다. 이처럼 〈리어 왕〉은 다른 셰익스피어 비극들에서 볼 수 있는 명쾌한 해결이 없이 막을 내리고 만다. 따라서 관객들은 하늘의 심판이 있는지 없는지 스스로 판단을 내려야 한다.

인물분석 노트

○ 리어 왕

　　큰딸들의 알맹이 없는 아첨을 믿음으로써 많은 사람들을 죽게 만든다. 딸들의 사랑을 시험해 보기로 한 그의 행동은 그가 큰딸들의 거짓됨을 알아차릴 만한 상식이나 능력이 없다는 것을 입증한다. 큰딸들의 아첨에 귀가 먼 그는 코델리아의 정직성을 알아보지 못한다. 충신 켄트에 대한 불같은 노여움은 지나친 자만심을 드러낸다. 그는 자신이 결코 잘못을 저지를 수 없는 존재라고 생각하고 있는 것이다. 이런 오만 때문에 그는 중대한 판단 착오를 범한다. 리어의 지나친 분노는 정서가 불안하다는 것을 암시하기도 한다. 고대 그리스에서는 지나치기 때문에 파괴적인 자만심이 영웅들의 비극적인 죽음을 초래하는 경우가 종종 있었다. 리어도 그런 경우라고 할 수 있다. 리어의 지나친 자만심은 가정을 파괴하고 만다.

　　극 전체를 통해 관객들은 리어가 문제에 대처하는 방식을 보게 된다. 그는 사람들이 전처럼 복종하지 않자 충격을 받는다. 그는 왕이기 때문에 복종을 기대하고 있는 것이다. 그러나 그는 문제에 대처하는 대신, 광대에게 의지한다. 그의 익살에 주의를 쏟아 문제를 잊으려는 것이다. 그는 모욕을 당하고 왕으로서의 위신도 깎이지만 그런 일에 책임 있는 자들과 맞설 각오가 되어 있지 않다. 대신 분노와 저주, 심지어 물리적인 공격으로 문제에 대응한다. 다시 모욕을 당한 리어는 무력하다. 딸과 그녀의 하인들을 제어할 수 없는 것이다. 그는 자주 절망과 자기연민에 빠진다. 한때 절대 권력을 행사했던 왕이 권력 상실에 대처하는 효과적인 수단을 찾기 위해 안간힘을 쓰는 것이다.

마침내 왕은 장래가 걱정스럽고 두렵다고 하면서도 다른 사람의 결정에 따르기를 거부한다. 그의 선택이 비록 형편없고 위험천만하지만, 그래도 자기 운명을 스스로 책임지고 싶어한다. 그는 폭풍우 속으로 뛰어나간다. 다른 선택은 딸들의 지배를 받는 것인데, 그로서는 생각해 볼 가치조차 없다. 그는 고집 센 아이처럼 완고하다. 이것은 그의 또 다른 대처 방식이라고 할 수 있다. 그는 아이가 받아들이기 어려운 현실로부터 달아나듯 폭풍우 속으로 뛰쳐나간다.

절망과 자기연민에도 불구하고 리어는 복잡한 인간이다. 결국 그는 과거를 후회하며 다른 사람들의 입장을 동정한다. 전에는 거들떠보지도 않았던 가난한 사람들을 동정하기까지 한다. 진정한 의미에서 그의 동정심은 자기연민의 반영이라고 할 수도 있다.

그는 하늘이 임명한 왕, 하느님의 대리인이므로 정의를 지상에 골고루 나눠줄 책임이 있다. 그는 자기 자신의 문제와 또 똑같이 고통당하는 다른 사람들의 문제에 대한 책임이 자기에게 있다는 것을 안다. 비극적 사건들에 자기도 한몫 했다는 이해야말로 자신의 책임과 자기도 틀릴 수 있다는 것을 인정하는 커다란 진전이다. 그는 고통을 당함으로써 자기도 하느님의 심판을 면할 수 없다는 것을 알게 되었다.

○ 고네릴

리어의 맏딸. 아버지를 깊이 사랑한다고 고백해 왕국의 절반을 차지하고 나자, 아버지를 배반하고 살해할 음모를 꾸민다. 그녀의 극단적인 사랑 표현은 천성이 정직하지 않다는 것을 보여준다. 그녀는 아버지를 공경해야 한다는 자연의 질서에 도전하고 아버지의 여생을 고통에 몰아넣으면서 진정한 본성을 드러낸다.

글로스터에게 벌을 내리라고 요구할 때는 잔인성과 피에 굶주린 본성이 나타난다. 고네릴은 권력 장악을 무엇보다 중요하게 여기지만, 극의 끝부분에서는 한 남자를 차지하기 위해 전쟁에 지는 것, 왕국을 잃는 것도 마다하지 않는다.

○ 리건

리어의 둘째 딸. 리건 역시 악인이다. 처음에는 리건과 콘월은 양심적이고 이성을 갖춘 사람들인 것처럼 보인다. 에드거가 배반했다는 말을 듣고 진심으로 당혹스러워하는 모습에서 처음에는 두 자매 중에서 더 동정심이 많고 점잖은 사람처럼 생각된다. 그녀는 정중하게 아버지를 맞지만 겉치레에 불과하며 존경하는 마음이 전혀 없다. 이러한 사실은 다음 행동들로 명백해진다. 그녀는 언니보다 속임수에 더 능해서 쉽게 정숙한 딸처럼 순종적이고 공손한 태도를 가장할 수 있다.

리건도 언니처럼 고집이 세고 잔인하다. 글로스터의 턱수염을 뽑는 행동은 나이나 지위에 대한 존경심이 전혀 없다는 것을 나타낸다. 하지만 콘월이 부상을 당했을 때는 잠시 진정한 인간애를 보이기도 한다. 글로스터가 비참한 처지에서 구제되어야 한다는 그녀의 생각은 여론을 의식한다는 느낌을 준다. 그녀는 신민들이 자기 행동을 지지해 주기를 바라고 있다.

○ 코델리아

진정으로 아버지를 사랑하지만 입에 발린 말을 거부함으로써 비극을 초래한다. 아버지가 언니들에게 박대를 받는다는 소식을 접하고 눈물을 흘리는 모습은 진정으로 아버지를 가여워한다는 증거다. 그녀는 언니들과는 정반대되는 인간성을 지녔다. 아버지가 자기를 그릇 판단했다고 해서 아버지가 고통받는 것을 원치도 않는다. 그녀의 덕성과 순수성은 왜 그녀가 자주 그리스도, 하느님의 선함을 나타내는 인물이라고 묘사되는지를 알 수 있게 한다. 아버지와 함께 포로로 잡혔을 때의 반응은 흔히 왕들에게서 나타나는 냉철함이다. 그녀 역시 아버지처럼 왕의 품성을 지녔음을 알 수 있는 대목이다.

○ 광대

　　광대는 코델리아가 추방된 후 왕의 보호자 역할을 맡는다. 광대는 그리스 비극의 합창가무단 기능을 하고 있다. 즉 사건과 왕의 행동에 대한 평을 하고 어떤 면에서는 왕의 양심 노릇을 하기도 한다. 광대는 충성스럽고 정직한 왕의 옹호자이며, 다른 사람이 지적할 수 없는 왕의 결점을 지적하기도 한다. 그는 반어와 빈정거림, 유머를 이용해 진실을 쉽게 받아들이도록 하고 리어의 극단적인 행동을 무마한다. 광대는 주인과 운명을 같이한다. 이 사실로 인해 코델리아가 아버지를 도우러 올 때까지 그가 왕의 보호자 역할을 한다는 인상을 더욱 강하게 준다. 코델리아와 광대는 모두 리어의 후견인이며, 한 사람이 있으면 다른 사람은 필요가 없다.

○ 글로스터 백작

　　어리석은 노인으로 묘사되는 그가 에드먼드의 거짓말을 꿰뚫어보지 못해서 당하는 어려움은 리어의 고난과 평행을 이룬다. 에드먼드의 속셈을 제대로 파악하지 못한 그는 콘월이 두 눈을 파내기 직전까지 자기 주위에서 일어나는 일들을 제대로 보지 못한다. 주위에서 진행되는 음모나 은밀한 사건들을 알아차릴 만큼의 직관력이나 기민성을 갖추고 있지 않다. 그는 그런 일들을 별의 탓으로 돌림으로써 자기 행동에 대한 책임을 면하려 한다.

뒤에 왕을 위해 목숨을 희생하려 하는데, 이 영웅적인 행동으로 인해 기회주의자에 불과한 작은아들과는 확연하게 다른 인물이 된다. 글로스터 역시 리어처럼 절망을 느끼고 신의 존재를 의심하며, 비극의 한가운데서 자신의 인간성을 발견한다. 거지 톰에게 입힐 옷을 가져오라고 하는 눈먼 노인은 1막 첫머리에서 재미를 보다가 에드먼드가 생겼다고 떠벌이는 글로스터와는 전혀 다른 사람이다. 타인에 대한 동정심은 그가 과거의 행동을 후회하고 있다는 사실을 드러내준다. 최근의 사건이 있기 전에는 거들떠보지도 않았던 사람들과 가진 것을 나눔으로써 과거의 잘못을 보상하려 하고 있는 것이다.

○ 켄트 백작 / 카이우스

추방되었음에도 불구하고 왕을 가까이에서 모시려고 변장한다. 그는 정직하고—왕에게 거짓말을 하지 않는다—이기심이 없는 충신이다. 충동적인 성격의 리어를 보호하려던 시도가 실패로 끝나자, 평민으로 위장해 왕을 보호하기로 작정한다. 리어가 정체를 캐묻자 '사람'이라고 대답한다. 그는 특별한 사람은 아니지만 많은 사람들과는 다르다. 선한 마음으로 충만한 고결한 사람이며, 왕에 대한 사랑이 넘친다. 극의 마지막 장면에서 드러나듯이, 그의 운명은 왕의 운명과 떼려야 뗄 수 없게 연결되어 있다. 그는 에드거와 함께 왕국을 통치해 달라는 올바니의 제의를 거부하고 곧 왕을 따라 죽을 작정이라고 밝힌다. 지상에서의 자기 일은 왕을 섬기는 것이라고 생각한다. 그 일이 끝났으므로 곧 죽게 될 것이라고 예상한다.

ㅇ 에드먼드

글로스터의 서출 작은아들로 기회주의자. 야망 때문에 고네릴, 리건과 손을 잡는다. 그는 국가와 사회의 법을 거부하고 더 실용적이고 유용하다고 생각하는 법, 즉 교활함과 힘이 지배하는 법을 수용한다.

욕구 충족을 위해 가능한 모든 수단을 이용하려는 태도를 보면 처음에는 양심도 없는 악한처럼 여겨진다. 그러나 그러한 행동은 몇 가지 분명한 경제적 동기와 이유 때문이다. 그 이유의 대부분은 고네릴과 리건의 행동 동기와 비슷하다. 아버지를 배반하면서는 후회하는 듯한 태도를 취한다. 그는 효성이 애국심에 종속될 수밖에 없는 현실을 한탄한다. 그는 이렇게 패륜을 정당화하고 콘월의 노여움에 아버지가 희생되도록 내버려둔다. 뒤에 그는 전혀 망설이지 않고 왕이나 코델리아를 살해하려 하고, 아무런 양심의 가책도 느끼지 않는다. 하지만 마지막에는 후회를 하고 코델리아와 리어를 처형하라는 지시를 철회하려고 한다. 이런 행동을 통해 글로스터의 혈통을 반쯤이나마 타고났다는 사실을 입증하고 있다.

⭘ 에드거 / 가난한 톰

글로스터의 적출 후계자. 하지만 그는 의심을 받고 도
망칠 수밖에 없는 처지가 된다. 원래 정직하고 고결한 그는 동
생 에드먼드가 자기에게 거짓말을 하지 않을 것이라고 믿는다.
자기 역시 동생에게 거짓말을 할 생각이 없기 때문이다. 운명
에 의해 내던져진 최악의 상황을 견뎌내고 살아남을 것이라는
믿음은 장님이 된 아버지를 발견하면서 시험을 받는다. 그가
아버지를 대하는 태도에서는 동정심과 이해심, 그리고 아버지
의 허물을 용서하는 마음이 나타난다.

⭘ 올바니 공작

고네릴의 남편. 극이 진행되면서 점점 그 위상이 높아
져 마지막에 가서는 리어를 죽이려는 아내에게 맞설 정도가
된다. 극의 초반부에서는 아내에게 대항할 힘이 없고, 아내를
지배하지 못한다. 고네릴의 잔인하고 이기적인 행동을 잠자코
받아들인다. 그러나 나중에는 그녀의 의도를 공격함으로써 매
우 도덕적이고 인간적인 면을 드러낸다.

고네릴이 혼돈을 초래하는 반면, 올바니는 자연의 계획
과 섭리를 인식하고, 살아남으려면 자연의 방식을 따라야 한
다는 것을 인정한다. 처음에는 아내의 생각이 틀렸다고 여겨
질 때도 맞서기를 망설였지만 콘월처럼 악에 기꺼이 동참하지

는 않는다. 그는 글로스터가 장님이 되었다는 소식에 진정으로 충격을 받지만, 콘월은 그런 악행을 저지르고도 아무렇지 않게 생각한다.

　　아내의 뜻에 저항할 수 있게 된 그는 극적인 변화를 겪은 등장인물들 가운데 한 사람이 되어 극이 끝날 무렵에는 더 강하고 동정심 많은 인물로 변모한다. 그는 왕국을 지키기 위해 군대를 끌고 나가지만, 마음이 내키지는 않는다. 관객들은 그의 개인적 성장을 목격한다. 전투가 끝난 다음 그가 왕국의 통치권을 장악할 때 그 변화는 더욱 뚜렷하게 드러난다.

○ 콘월 공작

　　리건의 남편이다. 야망을 달성하려던 노력이 좌절되자 악랄하고 난폭해진다. 에드먼드의 이야기를 쉽사리 믿고 그를 자기 편으로 기꺼이 받아들이는 것을 보고 관객들은 그가 악하다는 것, 겉보기와는 달리 선한 사람이 아니라는 것을 알게 된다. 그는 진실한 말을 하는 켄트를 족쇄에 채워 옥에 가둔다. 이 행동은 그 자신이 꾸밈이 많은 말을 하기에 진실이 담긴 말을 알아듣지 못한다는 것을 보여준다. 극의 후반부에서 자기 행동을 억제하거나 교양 있게 처신하려는 노력을 하지 않고 글로스터의 두 눈을 뽑아 구둣발로 짓이기는 야만적인 행동을 한다.

○ 오스월드

고네릴의 집사로 그녀의 음모에 적극 가담하는 공범자이고 명예 따위는 아랑곳 않는 앞잡이다. 그는 켄트의 공격을 감당하지 못하고서도 나중에 켄트가 노인이라서 목숨을 살려 주었노라고 거짓말을 한다. 이런 사건들로 인해 그는 악하고 부정직한 인물로 보인다. 켄트의 말처럼 그는 고네릴의 사악한 음모에 기생하면서 속임수를 거들어주는 기생충 같은 존재다. 그는 그녀의 지시를 무조건 따르는데, 자기를 죽이는 사람에게까지 편지 전달을 부탁할 만큼 책임감이 강하다.

○ 프랑스 왕

아버지를 구하려는 코델리아의 노력을 기꺼이 지원하는 훌륭한 인물이다. 그는 코델리아야말로 어떤 지참금 못지 않은 보물이라고 지적한다. 그의 행동은 그가 코델리아의 사랑을 받을 자격이 있다는 것을 보여준다.

○ 버건디 공작

코델리아가 지참금이나 상속재산을 받지 못하게 되었다는 것을 알고는 그녀를 아내로 맞지 않겠다고 말한다. 무일푼인 코델리아를 사랑할 수 없는 버건디 공작은 이기적인 동기에 따라 행동하는 사람이다.

마무리
노트

〈리어 왕〉에 나타난 하늘의 심판

〈리어 왕〉은 많은 철학적 의문을 제기한다. 그 중 가장 중요한 의문이 하늘의 심판이 존재하느냐이다. 이 개념은 엘리자베스 시대에는 특히 중요했다. 당시에는 종교가 일상생활에서 매우 큰 역할을 담당했기 때문이다. 사람들은 선이 악을 이기고 보상을 받는다는 희망을 표시하는 종교지도자들이 높은 권위를 갖는다고 생각했다. 그러나 〈리어 왕〉에서는 선이 반드시 승리하지는 않는다. 선이 승리하기 전에 훌륭한 사람들이 끔찍한 고난과 고통을 당한다. 극이 끝날 때 선량한 등장인물들 대다수 ― 리어, 글로스터, 코델리아 ― 가 죽어서 무대 위에 누워 있다. 관객들은 켄트도 곧 죽으리란 이야기를 듣고, 광대는 그 이전에 어디론가 사라졌는데 그도 죽은 것이 아닌가 생각된다. 물론 사악한 등장인물들 역시 죽는다. 그러나 그들에 대한 벌은 하늘의 심판이라는 법칙에 따라 당연히 예상되는 것이다. 그렇다면 관객들은 〈리어 왕〉에서 등장인물들에게 내려지는 징벌, 특히 선량한 인물들의 죽음을 어떻게 해석해야 할까?

리어는 몇 가지 잘못된 선택을 한다. 가장 중요한 실수는 딸들의 말에 담긴 진실성을 오판하는 것이다. 하지만 폭풍우가 휘몰아치는 황야로 달려 나가는 그를 보면서 그에게 내려진 징벌이 너무 고통스럽고 지나치다는 인상을 받는다. 글로스터 역시 비슷한 징벌을 받는다. 그의 두 눈을 파내는 장면은 하늘의 심판이 과연 있는가를 의심케 한다. 글로스터도 리어처럼 몇 차례 판단 착오를 범했지만 두 눈알을 파내는 고통은 그의 잘못에 비하면 지나친 것이 분명하다.

리어와 글로스터는 판단 착오를 저지른 벌로 끔찍한 육체적·정신적 고통을 겪는다. 그러나 두 사람은 죽기 전에 그들이 내쳤던 자식과 다시 만난다. 두 가정을 산산조각 냈던 부모-자식 간의 갈등이 이처럼 해소되는 것을 하늘의 심판의 일면이라고 볼 수도 있다. 그러나 관객들은 그것으로 큰 만족감을 느끼지 못한다.

〈리어 왕〉 전편을 통해서 관개들은 에드먼드가 사아한 음모로 계속 성공을 거두는 것을 지켜보았다. 하지만 에드거와 에드먼드가 5막에서 만나 벌이는 결투는 전통적인 검술시합과는 전혀 다르다. 그들의 결투는 선과 악의 대결로 볼 수 있다. 에드거가 에드먼드를 이기는 것은 정의로운 세력의 승리를 상징한다고 할 수 있다. 에드거가 승리할 뿐 아니라 리어의 후계자로 영국의 왕위까지 물려받게 된다는 것은 바로 하늘의 심판이 아닐까.

그러나 리어가 코델리아의 시체를 안고 들어오면서 하늘의 심판이 존재한다는 생각은 사라져버린다. 콘월과 에드먼드, 고네릴과 리건의 죽음에 고무된 관객들은 신들이 혼돈된 세상에 질서를 회복시킬 것이라는 믿음을 가졌다. 하지만 코델리아의 죽음은 하늘의 심판의 역할에 대해 새로운 의문을 제기한다. 정의로운 신이 있다면 어떻게 이처럼 충실하고 사랑스런 딸이 죽도록 내버려둘 수 있단 말인가.

셰익스피어는 언뜻 보기에 이 젊은 여인이 의미 없는 죽음을 당하도록 함으로써 관객들로 하여금 코델리아의 죽음이 야기시키는 의문들을 피할 수 없게끔 만들었다. 관객들이 그런 비극이 일어나는 이유를 놓고 고민하기를 기대한 것이다. 글로스터와 리어의 죽음은 받아들일 수 있다. 두 사람은 심각한 판단 착오를 범했고, 그 실수로 야기된 결과에 책임을 지는 것은 당연하다고 생각할 수 있다. 하지만 코델리아는 젊고 아무 허물도 없으며, 매우 선하고 순수하다.

극이 끝날 때, 무대에는 시체들이 즐비하다. 그 중 몇 사람은 마땅히 죽어야 할 악인이고, 몇 사람은 무고한 악의 희생자들이다. 콘월은 충실한 하인에게 살해되었고, 에드먼드는 형에게 죽임을 당한다. 고네릴과 리건도 한 사람은 살해되고 한 사람은 자살한다. 충실한 집사 오스월드도 죽는다. 결국 하늘의 심판이 존재하느냐에 대한 해답은 쉽사리 나오지 않는다.

〈리어 왕〉에 나타난 부모-자식 관계

〈리어 왕〉의 한가운데에 아버지와 자녀의 관계가 자리 잡고 있다. 이 주제의 핵심은 인간의 법과 자연의 법 사이의 갈등이다. 자연의 법은 하늘의 심판과 연관된 도덕적 권위와 동의어다. 자연의 법에 집착하는 사람들은 본능적으로 공동선을 위해 행동하는 등장인물들, 즉 켄트, 올바니, 에드거, 코델리아이다.

글로스터와 리어도 결국 자연의 법의 중요성을 알게 된다. 그들은 자기네들이 이 기본적인 규범을 위반했다는 것을 깨닫고 자연으로 눈을 돌림으로써 자녀들이 그들을 배반한 이유를 알게 된다. 반대로 에드먼드, 고네릴, 리건, 콘월은 자연의 법을 위반하는 악을 대표하는 인물들이다. 이 음모자들은 양심도 없고, 더 높은 도덕적 권위가 존재한다는 것을 깨닫지도 못한다. 그들은 악한 음모를 꾸미면서 하늘의 심판이 있으리란 생각은 아예 하지 않는다. 그들의 법은 인간이 만든 법이며, 그 법은 공동체의 이익이 아니라 개인의 이득에 초점을 맞추고 있다. 서로 뒤엉킨 두 이야기에서 자연의 질서가 무시되고 부모-자식 간의 부자연스러운 배반이 전개되면서 비극이 싹튼다.

주요 플롯에서 리어는 막내딸을 배반하고, 큰딸들에게 배반당한다. 보조 플롯에서도 거의 같은 형태로 또 다른 아버지가 적출의 큰아들을 배반하고, 서출의 작은아들에게 배반당한다. 두 경우에서 아버지와 자식의 자연스런 관계가 인식 부족, 공평성과 자연 질서의 무시, 감정에 기초한 섣부른 판단 등으로 파괴된다. 자연 질서를 포기한 결과, 극의 끝부분에서 무대에는 아버지와 자식들의 시체가 즐비하게 누워 있게 된다.

1막에서 리어는 코델리아에게 더 큰 몫을 주는 것을 정당화하기 위해 사랑의 테스트를 꾸며낸다. 왕국을 똑같이 분할해야 마땅하지만, 리어는 코델리아를 더 사랑하기 때문에 가장 크고 좋은 부분을 주고 싶은 것이다. 그 대가로 리어는 심한 아첨과 과장된 사랑 고백을 기대한다. 하지만 코델리아는 솔직하고 합리적인 절제된 대답을 한다.

코델리아가 기대를 충족시키지 못하자, 리어는 그녀에게 줄 유산을 모두 빼앗아버린다. 고네릴과 리건이 코델리아의 몫을 재빨리 차지한다. 그들도 한때는 아버지를 진정으로 사랑했을지 모르지만, 지금은 막내에 대한 편애에 진절머리가 나 있는 듯하다. 리어가 막내딸에 대한 편애를 드러낸 후로 큰딸들은 복수를 하면서도 양심의 가책을 받지 않는다. 한편, 리어는 자연법칙의 힘과 정의를 무시하고 막내딸의 유산을 박탈함으로써 재난을 초래한다. 딸들 사이에 경쟁을 유발시키고, 그 경쟁이 결국 그들을 죽음으로 몰아넣는 것이다.

〈리어 왕〉은 첫 장에서 또 하나의 비슷한 아버지-자식 간의 관계를 제시한다. 글로스터가 생각 없는 아버지로 등장하는 것이다. 관객들은 글로스터의 이야기를 통해 글로스터와 에드먼드의 관계를 알게 된다. 글로스터는 에드먼드와 에드거를 똑같이 사랑한다고 말하지만, 사회는 두 아들을 똑같이 보지 않는다. 글로스터 역시 마찬가지다. 말로만 두 아들을 똑같

이 사랑한다고 할 뿐, 실제로는 결코 적자와 서자를 똑같이 대
할 수 없다. 자연의 법칙에 따르면, 에드먼드도 글로스터의 아
들이지만, 장자상속이라는 인간의 법칙에 따르면, 에드먼드는
글로스터의 후계자로 인정받지 못한다.

　　글로스터가 켄트에게 하는 말을 통해 관객들은 에드먼
드가 행운을 찾기 위해 타지로 떠났다가 최근에 돌아왔다는
사실을 알게 된다. 영국의 법에 따르면, 에드먼드는 고향에서
는 재산을 가질 수 없고, 귀족의 작위도 승계할 수 없다. 그가
돌아왔다는 사실을 통해 관객들은 그가 영국의 법이 허용하지
않는 것을 노리고 있다는 암시를 받는다. 분명히 그의 행동은
형에 대한 아버지의 편애에 따른 결과다. 이 편애 때문에 아버
지를 죽이고 그의 지위와 재산을 차지하려는 음모를 꾸미는
것이다. 다시 한 번 가족의 자연적 질서가 무시된다.

　　글로스터가 그토록 사랑한다고 주장하는 아들 에드거
의 배신을 쉽사리 믿는 것 또한 자연의 법칙과 부모의 자식 사
랑에 위배된다. 글로스터는 솜씨 좋은 말주변이나 설득에 잘
넘어가는 성향을 드러낸다. 그는 그런 거짓된 설득에 넘어감
으로써 자연의 법칙과 부자 사이의 유대를 거부하게 된다.

　　에드먼드는 자연의 법칙을 무시하면서 동시에 포용한다.
아버지를 콘월과 리건에게 넘기는 이기적인 행동은 자연의 질
서를 포기하는 행동이지만 강자 생존이란 신다윈주의의 주장
을 예시하고 있다. 그가 생존하고 승리하는 능력은 경쟁적인

전략이나 건강한 가족관계에 기초를 두고 있지 않다. 그는 자기를 믿고 사랑하는 사람들을 속임으로써 원하는 것을 얻으려 한다.

에드먼드의 탐욕은 인간의 법보다 자연의 법칙을 선호한다. 자연의 법칙은 서출이라는 사실을 따지지 않기 때문이다. 그는 자연이 자기편이라고 주장한다. 자기는 '자연스러운' 자식인데, 인간의 법이 상속권을 인정하지 않는다고 불평한다. 하지만 자연은 편리한 핑계로 이용될 뿐이다. 형과 아버지를 해치는 행동은 자연의 법칙에 따르는 것이 아니라 탐욕의 발로다.

에드먼드의 출생에 대한 글로스터의 호탕한 태도가 에드먼드의 이기적인 행동을 어느 정도 정당화시켜준다고 주장할 수 있을지 모른다. 이런 가능성과 마지막 장에서 그가 코델리아와 리어의 목숨을 구하려고 하는 행동을 종합해 볼 때, 에드먼드는 분명히 고네릴, 리건, 콘월과 같은 악인은 아니다. 여러 면에서 그를 비뚤어진 인간으로 만든 것은 글로스터의 책임이라고 할 수 있다. 글로스터는 에드먼드의 법적인 권리를 배제하는 인간의 법을 받아들임으로써 에드먼드와 에드거를 평등하게 보는 자연의 법칙을 부정한 것이다.

글로스터는 또한 충분한 증거도 없이 에드거를 내침으로써 자연에 반하는 행동을 했다. 이것은 사랑의 테스트라는 게임을 벌여 코델리아를 쫓아낸 리어의 실수와 똑같다고 할 수 있다. 두 사람은 쉽사리 속임을 당하고, 생각 없이 행동한다. 그런 성급한 반응이 결국 자녀들의 배신을 부른다.

극의 끝부분에서 고네릴과 리건은 자연의 질서를 포기하고 악에 빠진 죄로 결국 죽음을 맞는다. 마지막 장의 첫머리에서 관객들은 고네릴이 리건을 독살하고 자살한다는 것을 알게 된다. 그들의 죽음은 권력과 사랑을 차지하기 위한 부자연스러운 경쟁의 결과다. 하지만 경쟁을 통해 힘을 얻으려는 욕구를 발동시킨 장본인은 바로 리어이다. 그가 사랑 테스트에서 두 자매를 경쟁하도록 만들었기 때문이다.

부모와 자식의 세대 간 갈등은 관객들이 잘 알고 있는 삶의 일부다. 자식은 부모에게 짜증을 내게 되고, 부모 또한 자식에게 짜증을 낸다. 부모는 자녀들을 통제하려고 하고, 자녀들은 반항한다. 이처럼 자연의 질서에 대한 셰익스피어의 관찰은 우리 자신의 삶과도 밀접한 관련을 가진다. 그리고 이것이 〈리어 왕〉이 지속적으로 많은 관객들의 관심을 끌 수 있는 요소다.

리어와 왕의 권위

고결성과 동정심, 공평성은 훌륭한 왕이 갖춰야 할 중요한 덕목이다. 왕은 강력한 정부의 물리적 증거 이상의 존재다. 왕은 지상에서 하느님을 대리하는 자이므로 왕의 행동은 신민들에게 모범이 되어야 한다. 신민들은 왕에게서 지침과 힘, 희망을 찾으려고 한다. 만약 왕이 왕다운 처신을 하지 못하고 권위를 잃는다면, 고네릴과 리건이 보여주듯 신하들은 점점 더 속임수와 교활함, 폭력을 일삼게 된다. 그렇다면 리어 왕은 관객들에게 참다운 왕의 모습을 보여주고 있는가, 아니면 권위를 상실한 왕의 모습을 보여주고 있는가?

비록 왕국을 세 딸들에게 나눠주려는 계획이 근시안적이고 이기적으로 보이기는 해도 리어는 강한 통치자라는 인상을 준다. 왕국 분할은 강력한 힘을 가진 사위 올바니와 콘월에게 변방을 지키게 한다는 이점이 있지만, 자신의 존재 이유와 책임을 포기함으로로써 혼란을 야기시킨다. 리어는 목적 달성을 위해 고네릴과 리건, 코델리아에게 사랑 테스트를 강요하고, 그 결과에 따라 상속할 땅을 결정하기로 한다. 왕국의 분할에는 위험이 따르게 마련이지만, 그 이전에 자매들 간에 경쟁을 유발함으로로써 애초부터 위험했던 결정을 더욱 복잡하게 만드는 것이다.

경쟁은 그 성격상 승자와 패자로 나뉜다. 코델리아는 테스트에 응하기를 거부함으로써 패자가 되지만 리어 역시 왕의 역할을 포기하고 '물러남'으로써 패자가 된다. 왕국이 없는 그가 왕일 수 없다. 또한 작은 공국으로 분열된 나라는 국가로서 오래 살아남을 힘과 통일을 유지하지 못할 것이다. 내전과 반란은 리어의 행동이 가져올 불가피한 결과다. 사랑 테스트는 리건과 고네릴에게 아버지의 총애를 받는 막내동생과의 경쟁을 강요한다. 결국 리어와 큰딸들 사이에 심한 갈등이 야기되고, 자매들 간의 경쟁관계는 왕국의 분열로 이어진다.

코델리아가 돌아오기 전에도 이미 불화는 싹트기 시작한다. 올바니와 콘월 사이에 싸움이 벌어졌다는 쿠란의 보고(2막)는 왕국을 분할한 리어의 행동이 실수였음을 보여준다. 고네릴과 리건은 곧 공동의 적인 아버지를 상대하기 위해 연합한다. 그러나 코델리아를 제거한 고네릴과 리건이 싸우게 되리라는 것은 거의 확실하다. 이 싸움에는 에드먼드도 한몫을 한다.

연극의 중반 이후에 묘사되는 리어는 제 구실을 못하는 왕이다. 1막에서는 신을 대신해서 왕국을 통치하는 권위 있는 왕으로 등장한다. 그러나 관객들은 그 첫 인상을 이내 잊어버린다. 우스꽝스러운 사랑 테스트가 리어를 어리석고 이기적인 늙은이로 보이게 하기 때문이다.

관객들은 구혼자로 프랑스 왕을 선택한 극작가의 의도에 대해 의문을 제기했을 것이다. 특히 리어가 왕국의 가장 중요한 중앙부분을 코델리아에게 주려고 했으므로 관객의 의구심은 더욱 컸을 것이다. 그리고 외국의 왕이 영국을 약화시킬지도 모른다는 관객의 두려움이 리어의 행동을 한층 더 무책임하게 보이게 했을 것이다. 하지만 리어는 정치적·사회적 혼란을 야기하는 것 이상의 행동을 하고 있다. 딸들에게 자기 행복에 대한 책임까지 지우고 있는 것이다. 자기가 행복하지 않으면 그 책임을 딸들 탓으로 돌릴 생각이다. 이런 일련의 사건들은 리어 왕을 이성에 따르지 않고 감정적인 반응을 보이는 변변치 못한 왕의 표본으로 만든다.

리어는 극 중에서 모든 선량한 등장인물들의 많은 사랑을 받는다. 사악한 등장인물들만이 그를 미워하고 실각시킬 음모를 꾸민다. 고네릴과 리건, 콘월, 에드먼드는 모두 사악하고 악의에 찬 인물들이다. 왕의 권위를 나타내는 또 다른 중요한 요소는 왕이 자연의 법칙과 연관되어 있으며 신에 의해 임명된다는 왕의 이미지이다. 왕의 권위는 이 연극의 중심적 힘인 자연의 법칙과 직접 연결되어 있다. 왕은 절대적 권위를 가졌기 때문에 자연의 법칙을 의심할 필요가 없다. 왕은 지상에 있는 신의 대리자로서 통치한다. 따라서 왕위 자체가 왕과 자연의 법칙 간의 상호 합의를 만들어낸다. 성공적인 왕은 자연과 조화를 이루며 행동한다. 리어도 막내딸을 내치기 전까지는 그렇게 행동해 왔다.

프랑스 왕은 훌륭한 왕의 본보기다. 지참금 없는 코델리아를 받아들이는 행동은 합리적이고 양심적이다. 그는 자연의 법칙이라는 범주 안에서 행동하며, 그의 삶과 왕국을 다른 사람들과 공유할 생각을 가지고 있다. 프랑스 왕의 모범적인 행동은 리어가 왕국 분할을 결정하기 전에 취했어야 할 행동을 생각하게 한다. 하지만 관객들은 그처럼 친절한 아버지,

가부장적인 권위를 가진 왕 대신에, 어떤 질문도 용납하지 않고 심지어 신하들의 현명한 충고조차도 받아들이지 않는 절대적 통치자를 목격하게 된다. 고네릴과 리건도 그들 몫으로 받은 땅에서 절대적 왕권을 행사하려 한다. 그들은 신에 대한 충성이나 하늘의 심판까지도 거부한다. 대신 자신의 도덕 체계를 확립하는데, 그 체계는 자연의 법칙보다는 아버지의 법에 기초한다. 고네릴과 리건은 결정을 내릴 때 절대적 권위를 행사하려 한다. 그들의 행동은 리어의 행동과 유사한 데가 있다.

콘월과 리건의 행동은 관객들에게 맥베스와 그의 아내를 생각나게 한다. 콘월과 리건은 맥베스 부부처럼 야심적이고 한층 더 잔혹하다. 그들은 앞길을 가로막는 사람들은 서슴지 않고 죽이려 한다. 고네릴과 리건은 리어의 사병(私兵)인 100명의 기사를 내쫓는다. 그 조치에 대한 리어의 반응이 위기를 한층 더 악화시킨다. 그의 군대가 해산당하는 것을 참고 견딜 왕은 없을 것이다. 그러나 이때쯤에는 리어가 스스로 포기한 왕권을 되찾기에는 너무 늦었다.

극의 끝부분에서 올바니는 지위가 가장 높지만, 켄트와 에드거에게 질서 회복의 책임을 맡기려 한다. 하지만 켄트는 죽은 주인을 따르기로 함으로써 에드거가 혼자 왕국을 물려받는다.

세익스피어는 관객들에게 에드거에 대해 충분히 생각해 볼 기회를 주지 않았다. 연극의 대부분에서 그는 가난한 톰으로 변장하고 있었으므로 관객들은 가련한 거지를 보았을 뿐이다. 에드거는 에드먼드에게 도전할 때 비로소 전면에 나온다. 그에게 악을 물리칠 선과 힘이 있음을 드러내는 것이다. 결투에서 에드거가 이김으로써 부패에 대한 정의의 승리를 예고하고, 신의 축복과 왕의 역할을 감당할 능력이 있음을 보여준다. 에드거를 통해 왕의 덕목인 고결성과 동정심, 공평성이 예시되는 것이다.

이 부분은 원작에 대한 이해력을 테스트하는 난입니다. 다음의 세 가지 코너를 차례로 끝내면, 〈리어 왕〉에 대한 포괄적이고 의미 있는 파악이 가능해질 것입니다.

A 다음 질문에 알맞은 답을 고르시오.

1. 연극의 막이 오르면서 전개되는 켄트와 글로스터의 대화는 어떤 목적을 가지고 있는가?
   a. 글로스터가 에드먼드의 어머니를 좋아했다는 것을 드러낸다.
   b. 독자 또는 관객에게 켄트가 변장을 하고 돌아오기 전에 그를 알 기회를 제공한다.
   c. 에드먼드에게 글로스터의 재산과 지위를 물려받을 자격이 있음을 분명히 한다.

2. 사랑 테스트를 하는 동안 코델리아가 아첨하기를 거부하자 리어가 진노한 이유는?
   a. 리어는 그녀에게 왕국의 가장 좋은 부분을 주고 싶어했고, 과도한 사랑 표현이 그러한 자기 행동을 정당화시켜 주기를 바랐다.
   b. 리어는 딸들이 모두 자기를 무조건 한없이 사랑한다는 것을 확인하고 싶어했다.
   c. 리어는 코델리아가 결혼해서 자기 곁을 떠나는 것을 원치 않았다.

3. 고네릴이 에드먼드에게 편지를 보낸 이유는?
   a. 에드먼드와 은밀한 만남을 원하고 있었다.
   b. 에드먼드가 자기 남편을 죽이기를 원했다.
   c. 에드먼드에게 리건과 결혼하라고 권했다.

4. 에드먼드가 변장한 에드거와 결투를 하기로 한 이유는?

    a. 그는 올바니에게서 벗어나려면 그 결투에서 이겨야 했다.

    b. 그는 누구와 싸워도 이길 수 있다고 자기 능력을 과신했다.

    c. 그는 평민과의 결투가 금지되어 있다는 사실을 몰랐다.

5. 켄트가 왕국의 질서를 회복시켜달라는 올바니의 청을 거절하는 이유는?

    a. 그는 리어를 따라 죽을 생각이었다.

    b. 그는 국가를 통치하는 골치 아픈 문제를 감당하고 싶은 생각이 없었다.

    c. 그는 두 사람이 효과적으로 국가를 통치할 수는 없다고 생각했다.

B 원작에서 다음 인용문을 찾아 그 장면에 대해 설명하시오.

1. 나는 자라고 번영한다. / 신들이여, 서출들을 도와주소서.

2. 당신은 나를 낳고 기르고 사랑했습니다. 제가 / 그 은혜를 갚는 것이
   합당한 일이지요. / 당신에게 복종하고, 당신을 사랑하고, 당신에게
   영광을 돌리겠습니다.

3. 바람아, 불어라. 네 뺨을 찢어라! 분노하라! 불어라! / 폭포여, 폭풍
   이여, 쏟아지고 휘몰아 치거라. / 첨탑들이 물에 잠기고, 수탉들이
   익사할 때까지!

모범답안: 1. 1막 2장에서 에드먼드가 하는 대사로, 이 독백은 그의 진정한 성격을 드
러내고 있다.
2. 1막 1장에서 코델리아가 아버지에게 하는 이 대답은 자식과 아버지 사이의 자연스
러운 유대관계를 밝히고 있다.
3. 3막 2장에서 리어는 광대가 듣고 있는 가운데 딸들의 행동에 분노를 터뜨리고 있다.

C **다음 질문에 대해 간단히 서술하시오.**

1. 리어가 몰락을 자초한 행동들을 구체적으로 열거하고 설명하라.

2. 비극의 주인공은 그의 불운이 그가 범한 실수보다 크기 때문에 독자
    들의 동정을 산다. 또 그 비극이 우리에게도 일어날 수 있기 때문에
    두려움이 생기기도 한다. 리어는 이 비극의 주인공의 정의에 어느
    정도 부합되는가?

3. 리어 또는 글로스터가 자신과 그가 사는 세상에 대해 더 많이 알게
    되는 과정을 서술하라.

4. 이 연극은 하늘의 심판에 대한 중요한 문제들을 제기하고 있다. 사
    악한 사람들은 모두 죽는다. 그러나 선을 대표하는 사람들 몇몇도
    죽는다. 신이 과연 선한 사람들이 보상을 받고 악한 자들이 벌을 받
    도록 보살피고 있을까? 이 극에서 하늘의 심판이 내려지고 있는지
    아닌지에 관해 서술하라.

5. 아무것도 아닌 것, 유대, 자연, 자연스러움 등 몇몇 단어들이 반복
    사용되고 있다는 점에 주목하라. 이들 단어 가운데 둘을 택해서 그
    단어의 사용이 암시하는 개념을 서술하라.

一以貫之
논술노트

- 리어 왕가의 거듭나기
- 실전 연습문제

一以貫之는 '논어'에 나오는 말로 '모든 것을 하나의 이치로 꿴다'는 뜻입니다.

논술의 주제와 문제 유형, 제시문들은 참으로 다양하고 가지각색입니다. 그러나 그 모든 것을 하나로 꿸 수 있습니다. '인간사회의 보편적 문제들에 대한 근원적인 물음에 답하는 자기 나름의 견해'라는 것이지요. 논술은 인간이면 누구나 부닥치는 개인적 또는 사회적 문제들에 대한 자기 나름의 고민이자 성찰입니다. 논술은 자기견해, 자기 가치관, 자기 삶에 대한 솔직한 고백입니다.

一以貫之 논술 연구모임은 '자신의 물음'과 '자신의 생각'을 갖고 '자신의 글'을 쓸 수 있도록 도와줍니다.

〈집필진〉
도승활, 이호곤, 우한기, 박규현, 김법성, 김재년, 김병학, 백일, 우효기, 조형진

리어 왕가의 거듭나기

남의 일은 쉬워 보인다

셰익스피어의 희곡 〈리어 왕〉은 크게 두 집안의 갈등을 중심축으로 이야기를 구성하고 있다. 하나는 리어 왕가를 중심으로 왕과 딸들 간의 갈등을 다루고 있다. 이야기의 시작부터 딸들에 대한 영토배분 문제로 갈등이 표면화된다. 또 하나의 축은 글로스터 백작 가를 중심으로 백작과 두 아들 간의 갈등을 다룬 것인데, 그 중 사생아인 에드먼드가 서출의 한계를 극복하고자 꾸미는 여러 가지 계략으로 인해 형과 아버지가 겪는 참담한 체험이 전개된다.

극중 인물들을 크게 세 부류로 나눈다면, 자신의 실수로 얄궂은 운명을 자초하는 유형(리어 왕과 글로스터 백작), 대체로 잘못도 없고 선한 유형(켄트 백작, 올바니, 에드거, 코델리아), 그리고 악역을 담당하는 유형(에드먼드, 고네릴, 리건, 콘월, 오스월드)로 나누어볼 수 있다. 이들의 이야기는 왕의 자의적인 영토분배 사건에서 시작되어 궁극에는 에드거와 올바니를 제외한 대다수 인물들의 죽음으로 끝난다. 결국 어리석은 리어와 글로스터는 각각 지혜롭고 선한 코델리아나 에드거는 과소평가를 하고, 어리석고 악한 고네릴, 리건, 에드먼드는 과대평가를 함으로써 온갖 고통과 슬픔을 맛본 후 비참한 최후를 맞는다. 이렇듯 이야기 속의 모든 좋고 나쁨, 옳고 그름은 왠지 아주 간단하게 정리가 될 듯하다. 극중 인물들의 이야기를 듣는 것처럼 우리 자신들의 이야기도 이처럼 간단하게 정리할 수 있다면 얼마나 좋겠는가. 하지만 어떤 일이든 타인이 겪고 있는 일을 바라볼 때는 아주 단순한 듯 보여도 똑같은 상황이 자신의 것이 되는 순간 그 상황은 믿기 어려운 복잡성을 띠고 우리들에게 다가온다. 참으로 이상하다. 남의 일로서 일어나면 눈앞에 빤히 잡히는 간단한 이치가 자신의 이야기가 되면 왜 그리 복잡해지는 것일까. 똑같은 일이 누구에게 일어나느냐에 따라 그 본래의 성질이 달라지는 것이 아니라면, 그 모습은 본래 내 눈에 보이는 남의 일처럼 단순한 것일까, 아니면 내가 느끼는 나 자신의 일처럼 복잡한 것일까.

조금만 생각해 보면 알 수 있지만, 그것은 본래는 복잡하다. 남의 이야기가 그처럼 단순하게 다가오는 이유는 남의 일에는 그만큼 무관심하기에 하나의 사건을 통해 일어나는 그 무수한 감정의 복잡성을 생략한 채 받아들이고 평가하기 때문이다. 우리가 남의 일에 불과한 리어 왕의 이야기를 제대로 이해하려면 그의 심중을 좀더 구체적으로 들여다볼 필요가 있다. 그처럼 착하고 효성스런 코델리아는 사랑의 맹세를 거역했다는 이유로 알거지로 내치고, 나머지 두 딸의 아첨과 거짓 맹세에 대해서는 각각 왕국의 절반씩을 선물한 것은 사실 너무나 바보스러웠다. 하지만 실제 현실에는 이런 어처구니없는 일들이 끊임없이 일어나고 있다. 그것도 아주 빈틈없고 가장 현실적인 의미에서 그렇다. 리어 왕의 판단이 잘못되었음은 초등학생이라도 알 수 있는 명백한 사실이지만 그런 잘못을 그처럼 쉽고 간단하게 바보스러움으로 돌려버리는 것이 가능한 이유는 남의 일이기 때문이다. 그러나 리어 왕의 입장이 되어 그런 잘못을 저지르게 된 내막을 자세히 들여다보기 전에는 함부로 그를 어처구니없는 바보로만 몰아가서는 안 될 것 같다.

리어 왕가의 갈등

리어: 너와 네 후손에게 영구히 세습으로 고네릴이 하사받은 땅보다 크기나 값어치, 기쁨 또한 못지않은, 짐의 고운 왕국의 방대한 3분의 1 남으리라. 자 이제, 막내지만 내 즐거움, 네 사랑과 인연을 프랑스는 포도로 버건디는 우유로 맺자는데 언니들 것보다 더 비옥한 삼분의 일을 위해 네가 할 수 있는 말은? 말하라.

코델리아: 없습니다. 전하.

리어: 없습니다?

코델리아: 없습니다.

리어: 없음은 없음만 낳느니라. 다시 해보거라.

코델리아: 소녀 비록 불운하나 제 마음을 입에 담진 못하겠습니다. 전 전하를 도리에 따라서 사랑하고 있을 뿐, 더도 덜도 아닙니다.

리어: 뭐, 뭐라고 코델리아? 말을 좀 고쳐보거라, 네 행운을 망치지 않으려면.

리어 왕이 코델리아의 지참금을 두 언니에게 돌려버리기 직전의 장면이다. 세 딸에게 사랑 경연대회를 벌인 리어 왕이 막내딸 코델리아의 차례가 되자 "제발 그럴 듯한 고백 한 마디만 해다오. 그럼 가장 비옥한 땅 3분의 1은 네 것이야"라고 무언의 외침을 계속하고 있는 모습이다. 이 어처구니없는 사랑 테스트가 있게 된 배경에는 무엇보다도 리어 왕 자신만의 뿌리 깊은 가족 윤리가 있었다.

흔히들 가족이라고 하면 사랑과 행복이 넘치는 모습을 떠올린다. 당연히 가족이면 서로 사랑해야 한다고 느끼며 부모는 자식을 위해 희생하는 것이 마땅하고, 자식은 부모를 당연히 존경하고 복종해야 한다고 생각한다. 그러나 가족 구성원들 간의 거의 대부분의 문제는 바로 이런 숭고하고 아름다운 의미부여를 너무 당연시하는 것으로부터 시작된다고 하면 너무 역설적일까? 가정은 무조건 보호되어야 할 불가침의 성역이라는 고정관념이 우리들의 문제에 대한 정확한 판단을 흐리게 하고, 정작 우리가 사랑하는 상대방을 제대로 바라보지 못하게 만든다는 말이다. 누구나 한 번쯤 이런 생각을 해본 적이 없는가? 부모가 나를 매우 아프게 하는데 부모니까 당연히 눈감아줘야 한다고, 자식이 나를 무시하지만 나는 자식만을 위해 희생할 것이며 아무것도 바라지 않을 거라고. 실제로 대부분의 부모들은 피땀 흘려 자식을 부양하고 교육시키고, 어떤 희생도 마다하지 않는다. 나아가 그런 사실을 자식들에게 굳이 알리려고 하지 않을 뿐만 아니라 오히려 부모의 어려운 처지나 궁핍한 상황을 숨기기 바쁘다. 얼마나 숭고하고 위대한 희생인가. 하지만 자식들이 장성해서 결혼도 하고 분가도 하고 나면 어떤가. 부모의 희생을 당연하게 여기지 않던가. 그 희생에 자신이 얼마나 기대어 왔는지 까마득히 잊은 것일까, 아니면 처음부터 아예 기억조차 없었던 것일까. 그놈의 자식들은 배은망덕하게두 새로운 가정과 자기 새끼들에게만 온통 신경을 쓰기 시작한다. 하지만 아무리 효성이 지극한 자식이라도 부모와 아픔을 함께 나눠본 적이 없다면 어찌 부모의 심정을 알 수 있겠는가. 자식들이 부모의 정성어린 희생을 고마워하려야 할 수 없게 만든 후 부모들은 자식들에게 따뜻한 대접을 받고 싶어한다.

이러한 문제의 근원을 한 꺼풀만 벗겨보면 거기에는 다름 아닌 우리는 한 가족이라는 숭고한 감정이 도사리고 있다. 가족이니까, 다른 사람도 아니고 내 부모, 내 자식이니까, 모든 것이 예외적일 수 있다는 생각이다. 하지만 자식에게는 정말 내 어려움과 고통도 알릴 필요가 없는 것일까, 부모에게는 나의 고민과 스트레스보다는 복종과 사랑만을 보여주어야 하는 것일까. 과연 그런 가족이라는 것이 가능한 것일까. 그러고 보면 오히려 가족만큼 불편하고 부담스러운 관계도 없는 것이 아닌가. 무조건 사랑이어야 하고 무조건 희생이나 복종이어야 한다면 서로가 서로에게 얼마나 부담이 되겠는가. 또 자신의 처지나 입장을 희생이나 복종이라는 명분으로 상대방에게 알리기조차 꺼려하는 관계라면 서로가 서로를 얼마나 잘 이해할 수 있겠는가. 고네릴과 리건의 대화를 들어보자.

고네릴: 늙은이 변덕이 얼마나 심한지 봤지. 우리가 그걸 관찰한 것만 해도 적지 않아. 아버지는 언제나 동생을 가장 사랑했어. 그런데 이제 얼마나 서투른 판단력으로 걔를 내쫓았는지가 너무 빤히 드러났어.

리건: 늙어서 망령이 든 거야. 하기는, 전에도 아버지는 자신을 조금밖에 알지 못했어.

고네릴: 최고로 건강했던 시절에도 아버지는 성급하기만 했지. 그러니까 아버지의 노년에 오랫동안 몸에 밴 기질상의 결함뿐만 아니라 여러 해에 걸친 허약함과 성마름 때문에 생기는 완고한 변덕까지도 우리는 예상해야 돼.

리건: 켄트 추방과 같은 갑작스런 발작증을 우리에게도 보일 것 같아.

고네릴: 그와 프랑스 왕 사이에 작별 인사가 더 있어. 부탁인데 우리 같이 움직이자. 아버지가 지금 성미 그대로 권한을 행사하고 다닌다면 최근에 그걸 포기한 건 우리에게 해가 될 뿐이야.

리건: 그건 좀더 생각해 보자.

고네릴: 뭔가 해야 돼, 단김에 말이야.

그러잖아도 한 세대의 차이는 서로간의 소통을 어렵게 한다. 리어 왕은 세 딸들이 당연히 자신을 사랑해야 한다고 생각했다. 그래서 세 딸들이 얼마나 자신을 사랑하고 있는지 시험하고 싶었다. 세 딸은 왠지 아버지를 사랑한다고 말하지 않으면 안 될 것만 같아서 각자 사랑의 고백을 시작한다. 그리고 이에 대한 리어 왕의 눈먼 판단이 나타나는 그 지점에 바로 그런 위대하고 숭고한 가족이란 명분이 도사리고 있었다. 그로서는 그토록 아끼던 셋째 딸이 어찌 아버지를 사랑한다 말 못하는지 이해할 수가 없었던 것이다. 반면 잇속에 밝고 평소에 그다지 아끼지도 않던 두 딸의 입발림 소리는 어찌 그리 당연하고 진실되게 들리던지. 그에게는 자신의 권위에 도전하는 자식이란 꿈에도 있을 수 없는 일이었던 것이다.

리어 왕이 가지고 있는 가족이나 부모와 자식에 대한 부풀어난 고정관념이 거짓을 진실로, 그리고 진실을 거짓으로 만들어버린 상황은 오늘날의 우리들 상황과도 크게 다르지 않다. 부모는 자식들에게 굳이 자신들의 처지에 대한 공감대를 형성하려 들지 않고, 자식들은 부모의 잔소리가 지겹기만 하다. 가끔 자식이 부모에 대한 불만을 토로하려 들면 언제나 그들을 가로막는 보이지 않는 벽이 그들의 소통을 힘들게 하기 일쑤다. 리어 왕가의 모습만큼이나 우리 사회의 부모자식 관계도 왜곡되어 있기는 마찬가지다. 천륜으로 치장하고 성스러운 명분으로 채색된 가족이란 공간이 그들 자신의 모습을 어떤 식으로 눈가리고 어떤 식으로 왜곡하고 있는지 좀더 살펴보자.

부모는 모든 걸 희생할 수 있는가?

먼저 리어 왕의 모습을 들여다보자. 리어 왕이 세 딸들로 하여금 아버지 사랑을 표현해 보도록 한 것은 나름대로의 생각이 있었다. 우선 막내지만 가장 효성스럽고 마음에도 드는 코델리아에게 가장 좋은 땅을 선사할 빌미를 찾기 위함이요, 세 딸들로 하여금 사랑의 맹세를 하게 함으로써 충성을 재확인 받아두고자 함이 두 번째요, 권좌에서 물러난 후의 권위와 입지를 미리 약속 받아두려는 속셈도 있었을 것이다. 만약 리어 왕이 부모로서 어떤 희생도 감수할 각오가 되어 있었다면 자식들에게 사랑의 맹세 따위는 받고자 하지도 않았을 터. 또 코델리아가 입발림 맹세를 거부했을 때 그토록 화를 낼 이유도 전혀 없었을 것이다. 그렇다면 리어 왕이 생각한 부모란 이런 것이었으리라. "굳이 국왕에 대한 충성을 들먹이지 않더라도 나는 세 딸의 부모로서 자식의 사랑을 받을 당연한 권리가 있다. 더구나 나는 스스로의 권위와 힘으로 이루지 못할 것이 없는 왕이 아니던가. 그런 훌륭한 부모로서의 존경은 더더욱 받아 마땅한 것이다."

오늘날 부모들은 자식을 좋은 대학에 보내려고 혈안이다. 어려서부터 영어와 수학, 논술, 국어, 피아노, 미술, 태권도 등등 온갖 과외와 학원을 통해 자식을 만능 엔터테이너 겸 영재로 키우기에 여념이 없다. 하지만 정작 그들의 속을 들여다

보면 그들이 자식들을 위해서 정말 그렇게 모든 걸 바쳐 희생할 수 있는 사람들인가 하면 결코 그렇지가 않다. 그들도 세상이 원하는 대로, 사회가 요구하는 대로 따라다니기 바쁜 사람들이다. 한 마디로 세상에 적응하면서 열심히 살아가는 평범한 인간들일 뿐이다. 그들이 꾸려나가는 가정은 그들의 삶의 터전이기 때문에 그들에게는 소중하다. 그 속에서 탄생하는 새 생명들도 그 터전의 일부이기 때문에 그들에게는 소중하다. 어떤 부모에게 너의 목숨을 내놓아라 하면 자식의 목숨보다 제 목숨을 덜 소중히 생각할 부모는 없다. 그 모습을 잘 들여다보면 그들의 가장 큰 관심사는 우선 그들 자신이다. 그럼에도 스스로는 자식들에게 온갖 투자와 희생을 하고 있다고 착각하면서 살아간다. 그 이유는 무엇일까? 실제로는 그러한 행위의 가장 강력한 동기는 무엇보다도 그것이 그들 스스로에 대한 가장 중요한 투자이기 때문임에도, 그러나 그것이 동시에 자식에 대한 투자라는 형식을 취하고 있기 때문에 양자의 선후를 혼동하기 쉽다. 그들은 남들과 비교당하거나 남들에게 뒤처지기를 무척 싫어한다. 그 비교가 자식들의 성적이나 출세와 관련될 경우 특히 더 그렇다. 자식들을 혹사시켜 바보로 만드는 한이 있어도 부모로서의 '비교우위'만은 양보할 수 없는 것이다.

자, 이제 솔직하게 고백할 때가 왔다. 우리들 자신보다 자식을 사랑한다는 말은 거짓말이다. 우리가 힘없이 동네의 분위기에 동질화되어갈 때 우리 아이만큼은 거기서 벗어나게 해 줄 용기가 없음을 인정해야 한다. 아이를 정말 아끼긴 해도 그런 소중한 아이의 말에 귀를 기울여보려는 시도조차 해본 적이 없음도 인정해야 한다. 아이는 아이일 뿐, 나보다 소중한 의사표현의 주체는 아닌 것이 현실이다. 아이와 정말 사랑하고 싶다면 그와 소통하지 않는 한 불가능한 일이라는 사실을 인정하자. 부모로서의 숭고한 희생을 빌미로 아이로서는 이해할 수 없는 고통을 강요하는 일은 없어야 하지 않겠는가. 그렇다면 가족이라는 이름의 권력으로 소통 없는 안식처를 꾸미는 일은 이제 그만두어야 한다.

가족 해부도

코델리아: 아버님은 저를 낳아 기르시고 사랑해 주셨기에 전 그에 합당한 의무로 보답코자 복종하고 사랑하며 가장 존경합니다. 언니들이 아버님만 사랑한다 말할 거면 남편들은 왜 있지요? 제가 만일 결혼하면 제 서약을 받아들일 그분은 제 사랑과 걱정과 임무의 절반을 가져갈 것입니다. 전 분명코 언니들처럼 아버님만 사랑하는 결혼은 절대로 않겠어요.

코델리아의 말 속에는 크게 두 가지 함의가 담겨 있다. 첫째는 가족관계를 구성하는 두 개의 구조, 즉 부모자식관계와 부부관계가 그 어느 하나 중요하지 않은 것이 없다는 함의다.

다른 하나는 그것들이 각각 중요한 이유인데, 부부관계는 앞으로의 삶을 헤쳐 나가는 데 가장 중요한 관계이고, 부모자식관계는 과거에 형성된 사랑의 기초 위에서 현재의 나를 떠받치는 밑거름이 되고 있다는 것이다.

가족관계가 부부관계와 부모자식관계의 결합으로 이루어져 있는 점을 자세히 주목해 보면 가족관계만큼 복잡한 관계도 없다는 사실을 알 수 있다. 부부는 처음부터 전혀 무관한 두 남녀가 우연히 만나 계약을 통해 형성된 관계다. 따라서 서로 독립된 주체로서 상대방에 대해서도 서로 동등한 힘과 협력을 요구하는 수평적 관계다. 반면에 부모자식은 처음부터 혈연으로 맺어진 자연발생적 관계다. 부모에 대해 자식은 상대적으로 약자이고, 부모의 보살핌을 받아야 하는 수직적 관계다. 물론 부모가 노쇠하면 이제 그 관계의 강약이 역전되어 오히려 부모가 보살핌을 필요로 하게 된다. 이처럼 가족관계는 우리가 흔히 생각하는 것처럼 그렇게 간단하지만은 않은 구조를 가지고 있다.

코델리아는 부부관계야말로 미래를 짊어질 희망이며 창조의 원천으로 보고 있다. 그것은 현재를 사는 우리가 가장 소중히 여기고 가장 힘써야 할 관계임을 의미한다. 부모와 자식이 한 세대를 사이에 둔 1촌의 관계라면 부부는 한 몸으로 이루어진 영촌의 관계가 아니던가. 서로 남이면서도 그보다 더 완벽하게 결합될 수는 없는, 그야말로 무에서 유를 창조하는 관계다.

반면에 코델리아는 부모와 자식 간의 관계에 대해서는 과거의 축적이 오늘의 영광을 있게 해준 바로 그런 관계로 파악하고 있다. 우리가 지금 여기에 서 있는 것은 모두 부모의 노고와 공덕이 있기에 가능하고 그것이 지금의 나를 규정하고 있다는 의미다.

어리석음

리어: 때늦은 후회의 슬픔이여! ― 오 자네, 왔는가?

이게 자네 뜻인가? 말하게. ― 내 말을 준비하라.

배은망덕, 너 대리석 심장의 악마여,

자식에게 나타날 땐 바다 속 괴물보다

더욱 흉악하구나.

리어 왕은 자신을 운명의 희생자라고 생각한다. 그러나 그가 저지른 잘못들을 생각해 볼 때 독자들에게는 그가 그토록 얄궂은 운명의 희생자로 보이지는 않는다. 스스로 잘못을 따져보기도 전에 자신의 처지를 운명으로 돌려버리려는 이런 태도가 바로 우리들 인간이 스스로의 문제에 대해 흔히 빠지기 쉬운 잘못이 아니던가. 리어 왕이 운명으로 돌려버린 비극적 결말이 사실은 자연의 법칙에 따른 당연한 결과였는지도 모른다는 말이다. 그렇다면 줄거리 안에서 어느 정도는 고개를 끄덕일 만한 행위와 결과 간의 인과관계를 찾아볼 수 있지 않을까? 우선 쉽게 떠올릴 수 있는 원인들을 나열해 보자. 그의 자식들과 신하들에 대한 잘못된 평가가 있다. 또 그보다 근본적인 문제로서 리어 왕 자신에 대한 잘못된 평가를 들 수도 있다. 나아가 자신이 처한 그때 거기의 상황과 자신을 둘러싼 주위의 환경들이 어떤 맥락에서 움직이고 있었는지에 대한 냉철한 상황 판단이 부족했던 것도 지적해야겠다. 자신을 너무 과신한 나머지 자신을 둘러싼 권력과 부귀와 우월함이 언제나 그렇게 지속되리라고 착각했던 것이다. 세 딸들이 자신을 언제까지나 떠받들 것이라고 착각했다. 그들 각자가 하나의 인간임을, 그가 언제까지나 보살펴야 하는 애완동물이 아니라 각자가 하고 싶은 것, 얻고 싶은 것, 이루고 싶은 것이 있는 완성된 인격들임을 간과했다. 그가 세 딸의 충성심을 말로써 확인받고 그 말에 따라 충성심을 평가하고 또 그 충성심의 정도에 따라 권력과 부의 상징인 영토를 분배해 주고자 한 것은 당시의 관례이긴 했을지언정 세 사람의 인격을 존중하는 그 어떤 형태도 취하고 있지 않았다. 이런 모습은 오늘날 우리들의 모습을 판에 박은 듯 닮았다. 부모는 자식을 사랑하고 또 자식들이 잘되기를 바라지만, 그들이 정작 하나의 인격임을 너무도 쉽게 망각한다. 자식들도 똑같은 인간이며, 부모와 자식은 그 인격에서는 동등하다. 그렇다면 리어 왕이 세 딸을 대하는 바람직한 태도는 당연히 그들의 처지를 존중하고, 그들의 입장에서 생각해 주고, 그들과의 관계가 근본적으로 동등한 것임을 인정하는 것이다. 자식들이 성장하는 동안 먹여주고 입혀주어야 한다고 해서 그들이 언제까지나 부모에게 의존하지는 않는다. 언젠가는 부모와 마찬가지로 독립적인 존재이며 하나의 인격체라는 점에서는 하등의 우열을 논할 것도 없다. 그럼에도 그들을 대할 때 항상 우월함과 권위로써 대하고 복종을 요구한다면 인간으로서의 본질적인 부분이 망각되고 마는 것이다. 부모가 키워주지 않았느냐고? 스스로 키워달라고 요구해서 이 세상에 나온 자식은 아무도 없다. 부모가 자식과 다른 점이 있다면 이 세상에 먼저 나왔고 먼저 삶을 경험했다는 사실뿐이다. 더구나 자식들을 키우면서 부모들이 얻는 위안과 행복은 모두 자식들로부터 나온 것이 아닌가. 그러고 보면 효라는 말은 참으로 부당하다. 효의 본뜻이 자식의 부모사랑을 의무 짓는 것이라면 말이다. 부모의 자식사랑은 의무일 수 있지만 자식의 부모사랑은 결코 의무일 수 없다. 오히려 부모의 입장에서 자식들로 하여금 자연스럽게 고마움을 느끼도록 할 의무가 있을 뿐이다. 그것은 부모와 자식 간의 관계가 기본적으로 강자가 약자를 돌보는 관계이기 때문이다. 만약 자식의 입장에서 부모에 대한 고마움이 자연스럽게 느껴지지 않는다면 그것이 어찌 자식의 잘못인가. 그동안 자식의 성장에 관한 모든 것에 부모는 개입의 정도를 넘어 주도적 역할을 해왔지 않은가. 하지만 세월이 흘러 역의 관계가 성립하여

부모가 약자가 되고 자식이 강자가 되는 순간 자식에게는 부모를 보살필 의무가 생기게 된다. 리어 왕은 고네릴과 리건의 어리석음과 냉정함이 리어 왕 자신의 작품임을 깨달아야 한다. 리어 왕 스스로가 운명이라 치부한 것이 어떤 어리석음에서 비롯된 것인지를 알아야 한다. 하지만 리어 왕이 스스로 약자가 되고 그 딸들이 강자가 되는 것이 자연의 법칙이라면 그 보살핌의 의무의 주체 역시 바뀌어야 할 것이다.

이해할 수 없는 결말

리어: 불쌍한 내 바보가 죽었다. 생명이 없다. 없어!
왜 개나 말이나 쥐는 살아 있는데
넌 숨조차 못 쉬느냐? 넌 다시 못 돌아와
절대로, 절대로, 절대로, 절대로, 절대로,
제발 이 단추 좀 끌러줘. 고맙네.
이게 보여? 이 애를 봐. 입술을, 보라고.
여길 봐, 여길 봐! *(리어 왕도 죽는다.)*

극중의 충성과 미덕의 인물(켄트, 글로스터 백작, 코델리아)은 시종일관 악전고투하며 옳고 좋은 것을 사수하기 위해 끈질긴 투쟁을 보여준 반면, 배은과 악덕의 인물(에드먼드, 고네릴, 리건)은 오직 자신만을 위해 다른 모든 이를 이용하고 모함하다가 구제받을 수 없는 나락으로 떨어진다. 그런데 문제는 이 작품의 결말에서 악만 파멸하는 것이 아니라 선도 비참한 최후를 맞는다는 점이다. 언뜻 생각하기에는 잘 납득하기 어려운 측면이다. 이 세상에 정의가 존재한다면 그런 결말이 나서는 안 될 것 같기 때문이다. 그러나 오히려 우리의 현실에서는 이와 같은 면을 빈번히 볼 수 있다. 왜 선한 자들도 결국 비참하게 죽어야만 하는지, 이에 대해서 뭔가 답을 찾으려면 우선 우리 인간의 삶이 서로 기대어 있음을 생각해 봐야 할 것 같다.

리어나 코델리아, 켄트와 글로스터 등 정의의 편에 선 인물들이 극의 끝 무렵에 몰사하는 장면을 우리가 쉽게 납득하지 못하는 이유는 정의는 왠지 승리해야만 할 것 같은 우리들의 정서에 맞지 않기 때문이다. 그러나 만약 정말로 정의가 존재한다면 그것은 말 그대로 온전히 정의로울 것이지 어설프고 일면적이지는 않을 것이다. 착하디 착한 코델리아를 죽인 것은 에드먼드 혼자의 소행이 아니다. 그것은 동시에 그녀의 아버지와 언니들의 소행이다. 코델리아라는 한 인격이 존재가치를 갖는 것 또한 그녀 홀로의 존재만으로는 무의미하다. 아무리 어리석더라도 아버지와 언니들이 함께 있을 때 착한 코델리아도 성립하는 것이다. 마찬가지로 그녀의 죽음도 순전히 그녀 개인으로부터 시작해서 개인으로 끝나는 것으로 이해해서는 안 된다.

코델리아의 죽음을 그녀 개인의 죽음으로 이해하는 데

서 오는 한 가지 오해를 풀어야 하듯이, 마찬가지로 글로스터와 켄트의 죽음도 그들 개인의 죽음 이상의 어떤 의미가 있음을 이해할 필요가 있다. 그들의 삶은 극중의 다른 인물들, 특히 배은과 악덕의 인물들과도 긴밀하게 연관되어 있다. 그들의 선한 삶의 지향점이 악덕한 인물들과 함께 엮여 있듯이 그 지향점의 상실 또한 오로지 악덕한 인물들만이 관여한 결과물은 아니다. 그토록 착하고 정직한 코델리아가 죽다니… 그러나 가련한 쿠델리아가 있기 전에 가련한 그들의 관계망이 존재한다. 그 그물이 찢어지는 순간 죽는 것은 그들 모두이며 관계망 그 자체일지도 모른다.

이제 우리들의 일상으로 돌아와보자. 우리들의 그물망 속에서도 누군가는 배은과 악덕의 존재들이며, 또 누군가는 선과 미덕의 존재들이다. 우리들 각자가 설정하는 그러한 기준은 때로 제각기 다른 내용을 가지고 상충하기도 하지만 그물망 바깥의 공정한 제3자가 있다면 아무튼 그런 주관성이 많은 부분 극복될 수 있을 것이다. 가족의 일원 중에 도박에 미친 자가 있다고 하자. 그의 도박 습벽이 가산을 탕진시키고 다른 가족구성원들에게 심각한 피해를 준다면 고통받는 가족들로서는 그가 죽이고 싶을 정도로 미울 것이다. 그들의 고통과 슬픔의 원인이 오직 그 인간 하나 때문으로 비치기도 할 것이다. 그러나 바깥의 제3자는 냉정하게 말한다. 그를 그렇게 키운 자가 누구냐고. 또 그놈만 특별히 오냐오냐 키웠거나 또는 정반대로 그놈만 늘 구박하고 키우니까 그렇게 삐뚤어진 것 아니냐고. 그렇다면 그 피해를 자초한 장본인들이 결국 누구냐고. 그놈만 욕할 것 없다고. 그렇다. 따지고 보면 그물망이 허술했기 때문에 구멍이 났을 뿐이다. 결국 그 원인을 따지고 또 따지고 들어가면 나타나는 실체는 어느새 모호해지고 정체를 알 수 없게 되어버린다. 한 인간이 배은과 악덕의 전형으로 탄생하기 위해서는 반드시 누군가 그에게 조그만 잘못을 저지른 다른 어떤 사람이 존재하게 마련이다. 또 조금만 더 올라가 보면 그 사회의 구조적 모순이 보이기 시작할 것이고, 궁극에는 조물주를 탓할 수 있을 뿐이다. 결국 누구에게도 큰 잘못은 없다는 말이다. 그럼 어쩌란 말이냐. 이 비참한 종말은 어쩌란 말이냐. 만약 반드시 누군가 책임지울 인간을 찾아내고 싶다면, 아직도 착한 자와 나쁜 자를 나누고 내가 그 중 어디에 들어 있는지 알고 싶다면 어찌해야 한단 말인가.

개인의 의미

극의 결말이 보여주는 것처럼 세상이 결국 선한 자들마저 비참하게 죽이는 거라면 나를 포함한 모든 인간들이 그저 하고 싶은 대로 아무렇게나 해도 상관이 없다는 뜻일까? 우리 삶의 결말이 우리들 자신의 선택의 영역 밖에 있다면 그것은 곧 개인의 자유로운 일탈을 허용하는 데까지 나아갈 수 있는 것일까? 그 이외의 것이 분명히 존재한다. 인간의 뜻대로 되지 않는 것과는 상관없이 거기에 반드시 있어야 하고 또 있어서 좋은 것은 바로 진지한 고민의 과정이다. 거기에는 각자가 무엇엔가로 향하고 있는 의지와 그 지향하는 바의 자유로운 선택을 의미 있게 하는 과정으로서의 고민이 존재한다. 개인의 자유로운 선택은 그가 하고자 하는 바에 따라 지향성을 가지지만 선택의 과정에는 반드시 수많은 요소들이 복잡하게 관여하고 있으며, 그 가운데서 이것저것을 고려하는 고민과 내적 갈등의 과정이 존재한다.

인간은 서로 기대어 있는 존재인 동시에 서로 거리감을 유지하는 존재다. 서로의 관계 속에서만 존재할 수 있는 동시에 하나하나의 개인이 그 자체로 유의미하고 존엄하다는 뜻이다. 그런데 개별자로서의 인간이 스스로 존엄을 유지하기 위해서는 무엇보다 스스로의 생긴 대로 발현할 수 있어야 한다. 생긴 대로의 발현은 관계 속에 기대어 있지 않고는 불가능할 뿐만 아니라 스스로의 선택이 자신의 생긴 모습에 합당할 때에만 가능하다. 그러므로 인간다움은 먼저 자신의 생긴 모습, 자신이 처한 조건과 한계를 아는 것으로부터 시작된다.

그런 의미에서 보자면, 인간을 어리석게 만드는 여러 가지 중에서 자기 스스로를 잘 알지 못하는 것만큼 심각한 어리석음도 없다. 리어 왕은 자신이 세 딸들과 기대어 있는 관계망 속의 존재라는 사실은 잘 알았지만 그 관계가 어떤 관계인지, 그 관계가 어떤 모습이어야 그들 가족의 생긴 대로의 모습이 잘 발현되는지에 대해서는 잘 알지 못했다. 부모로서 자신이 처한 조건과 한계, 나아가 딸들이 자식으로서 처한 조건과 한계에 대한 고려가 부족했던 것이다. 리어 왕은 자기 자신과 세 딸에 대해서 잘 알고 있었던 듯하지만 사실은 그가 필요하다고 생각했던 만큼만 알고 있었던 것 같다.

코델리아와 리어 왕의 갈등 해소

언제나 진심으로 공유하는 감정이 나타나는 곳에 서로의 진정한 소통과 유대감이 싹튼다. 극의 후반부에 리어 왕을 바라보는 코델리아의 태도는 리어 왕의 부족함을 채워주기 위해 언제까지라도 기다리는 모습이다. 아버지로서의 리어 왕과 딸로서의 자신이 처한 구체적인 상황에 대해 냉정한 거리두기를 유지했던 전반부와는 조금 다른 모습이다. 성숙하기까지 아버지의 보살핌 속에 있었지만 가정을 꾸릴 아내와 어머니가 되는 시점에서 이제는 아버지를 오히려 보살피고 돌보아야 할 변화된 상황을 감지했던 것일까. 하지만 전반부의 코델리아의 태도를 어떻게 이해하느냐에 따라서는 그녀의 태도가 시종일관된 것으로 보일 수도 있다. 전반부의 태도는 내가 옳은 것을 옳다 하고 그른 것을 그르다고 할 때에 비로소 아버지 또한 부담을 느끼지 않으리라는 배려가 있었다. 내가 스스로 당당한 주체로 거듭날 때 아버지 또한 내게 더욱 아버지다운 모습으로 다가올 수 있다는 판단인 것이다. 다음 구절은 코델리아가 아버지의 슬픈 소식이 담긴 편지를 읽는 모습이다.

신사: 격분하진 않으셨고, 인내와 슬픔은 최고의 표현 놓고 다퉜는데, 비와 햇빛 한꺼번에 본 것처럼 미소와 눈물은 좋은 사이 같았지요. 무르익은 입술 위를 행복하게 노니는 미소는 눈을 찾은 손님이 진주가 금강석 이별하듯 가시는 줄 모르는 것 같았어요. 한 마디로, 슬픔이 모두에게 그리 잘 어울리면 진품(珍品)으로 큰 사랑을 받게 될 것입니다.

　이제 리어 왕도 그것을 깨닫는다. 자식이 홀로 서기 위해 거짓을 당당히 거부할 줄 알고, 스스로 독립된 의지를 가지고 마주설 때 아버지 또한 자식을 마음껏 사랑하고 배려할 수 있는 가능성이 열린다는 것을. 가족은 결코 사랑으로만 존립하는 단순한 공동체가 아니다. 가족은 결코 불가침의 성역도 아니고, 서로에 대한 희생과 복종만이 넘쳐야 할 공간도 아니다. 서로 대등한 인격들이 스스로 홀로서기 위해 애쓰고 다른 구성원이 스스로 대등한 주체로 홀로 서도록 도와주는 것으로부터 가족의 진정한 가치는 싹틀 수 있다. 신이 우리에게 준 가장 아름다운 선물, 가족! 그러나 이제는 구성원들 서로가 서로를 다정하게 바라볼 수 있도록 거리를 두어야 할 때다.

〔04대입〕 건국대 정시 문제

〈논제〉 지문 (가)의 논지를 근거로 하여 (나)와 (다)에 나타난 가족관의 차이를 밝히고 이에 대한 자신의 견해를 논술하시오.

(가) 가정 하면 우리는 자유·행복·사랑·프라이버시 등의 단어를 떠올린다. "집 떠나면 고생이다"는 말도 있듯이 가정은 우리가 편안히 먹고 입고 자는 곳이다. 바깥에서 지친 우리의 심신이 마음 놓고 쉴 수 있는 곳이다. 가정에서 자녀는 사랑을 받으며 양육된다. 메마르고 각박한 바깥 사회와는 달리, 가정에는 부부간의 깊은 유대와 희생을 무릅쓰는 자녀에 대한 사랑이 흐르고 있어 우리는 정서적으로 안정을 얻으며 바깥에서 느끼지 못하는 행복과 자유를 느낀다. 이런 가정은 보호되어야 할 불가침의 사생활 공간이다. 가정을 파괴하는 파렴치범은 말할 것도 없고, 가정의 의미를 깎아내리거나 가족구조를 비판하는 어떤 시도도 우리는 곱지 않은 눈길로 바라본다. (중략)

　그러나 우리는 키워주고 보살피는 관계만을 요하는 것은 아니다. 다 자라버린 자녀에게 혹은 대화 상대가 아쉬운 배우자에게 키우고 보살피는 태도로만 일관한다면 도리어 상대방을 구속하는 질곡이다. 노인들은 친구가 필요하다고 말한다. 노인들 역시 건강이 허락하는 한 보살핌을 받기만 하기보다 젊은이들과 겨루고 힘을 합치며 당당히 타인으로 마주서기를 원하는 것이 아닐까?

　남편들은 대화 상대를 원한다고 말한다. 시중들어주는 대신에 부양해야 하고 사사건건 사랑을 확인하려는 아내가 아니라 독립해 있고 자기 세계를 가지며 말 건네고 싶은 아내를 원하는 것은 아닐까? 성장할수록 자녀 역시 키움과 보살핌의 대상이기를 거부한다. 우리는 우리 자신조차도 언제나 감싸고 보살필 수만은 없다. 나는 나를 사랑하되 자신에 대해 냉정해지고 싶다. 거리를 두고 재고 자극하고 관찰하기를 원한다. 얼굴 맞댄 더할 수 없이 가까운 가족관계에서도 우리는 서로 대등한 타인이기를 필요로 하는 것은 아닐까?

— 이정원 「사랑, 결혼, 가족」, 〈삶과 철학〉에서

(나) 옛날부터 여자의 행복이라고 생각되어온 그 길이 반드시 편안한 것만은 아니다. 젊고 건강할 때는 누구나 성적 매력으로 사랑을 받는다. 그래서 적령기의 여자들은 대개가 다 남자를 만나게 된다.

　　결혼만 하면 꿈꾸었던 인생이 손에 들어온다. 멋진 남성의 '상냥하고 좋은 아내'가 된다. 여유 있으면 자원봉사를 하고, 자선기금도 모으며, 주 1회는 미술관에도 가는 생활…. 이것이 무슨 부족함이 있으랴.

　　이런 생활을 꿈꾸고 있는 여성이 아직 많다는 것을 알고 있다. 재클린 오나시스나 그레이스 왕비는 아직도 여성에겐 동경의 대상인 것 같다.

　　그러나 낡은 사고방식에 젖은 불쌍한 아가씨여! 그 재키조차도, 마흔여섯 살의 나이에 남들이 부러워하는 재산과 미모만이 인생의 정답은 아니라는 것을 깨달았던 것이다. 그래서 재키는 〈바이킹 프레스〉의 편집자로서 예전과 같이 일의 세계로 복귀했다. (중략)

　　다시 말하면, 존 케네디나 레이니에 공과 같은 남성은 당신이나 나와 같이 이름도 없는 처녀와는 우선 결혼할 이유가 없다는 것이다. 그들이 결혼 대상으로 생각한 것은 여배우나 모델, 그리고 대부호의 딸 등, 많은 돈을 가지고 있든가, 돈 많은 가족이 있는 여성이다. 더욱이 여기서 중요한 것은 이러한 여성들은 모두 아내나 어머니로 만족하지 않는다는 것이다. (중략)

　　귀엽고 사랑스런 전업주부라고 해서 안심하고 있을 수는 없다. 상상도 할 수 없을 만한 대저택에 살며 벤츠를 몇 대나 굴리는 생활은 오래 계속되지 않는다. 아내나 어머니 역할에 만족하며 멍청히 있다가는 벤츠와 함께 차고에 버려지고 만다.

　내가 본 바로는 남편에게 지지 않을 만큼 좋은 일을 하고 있는 여성은 버림을 받는 일이 적은 것 같다. 물론 그 중에는 버림을 받은 사람도 있고 스스로 나온 사람도 있긴 하다. 그러나 버림을 받는다 해도 그 비극을 극복하는 강인함이 있다.

　돈이 있고 없음에 상관없이 남편 이외의 뭔가에 속해 있는 여성 쪽이 남성의 마음을 언제까지나 끌 수 있는 것이다. 내친 김에 말하자면 요즘 남자들은 당신의 급료도 사랑하고 있는 듯하다.

　— 헬렌 브라운 〈나는 초라한 더블보다 화려한 싱글이 좋다〉

(다) 내가 고민하는 것—너무 늦기 전에 하고 싶은 일들—중의 하나는 바로 가족을 일구는 일이었다. 나는 선생님에게 우리 세대가 자식을 갖는 데서 느끼는 딜레마를 털어놓았다. 자식이 우리를 얽어맨다고. 자식을 낳으면 하고 싶지 않은 '어버이 노릇'을 해야 한다고 생각한다는 점을 말했다. 나도 약간은 이런 감정을 느끼고 있다고 고백했다.

　하지만 선생님을 보면서, 내가 곧 죽을 처지인데 가족도 자식도 없다면 그 허전함을 과연 참아낼 수 있을지 생각해 봤다. 선생님은 두 아들을 아버지처럼 사랑이 많고 남을 잘 돌봐주는 사람으로 키워냈다. 그들은 부끄러워하지 않고 애정을 표현했다. 그들은 아버지가 원한다면 하던 일을 멈추고 아버지 생애의 마지막 몇 달을 함께 지내려 할 터였다. 하지만 그것은 모리 선생님이 원하는 바가 아니었다.

"너희 생활을 중지하지 말아라. 안 그러면 이 병이 나 한 사람만이 아니라 우리 세 사람 모두를 집어삼켜버릴 거야."

선생님은 아들들에게 그렇게 말했다.

그는 죽어가면서조차 자식들의 세계를 존중했다. 이들 가족이 모여 있을 때는 애정이 폭포처럼 흘러났고, 입맞춤과 농담이 수없이 오갔다. 그리고 침대 곁에 쪼그리고 앉아 손을 잡아주고 있는 광경은 이 가족에게 특별한 일이 아니었다.

모리 선생님은 큰아들 사진을 보면서 이렇게 말했다.

"사람들이 자식을 낳아야 되느냐 낳지 말아야 되느냐 물을 때마다, 나는 어떻게 하라곤 말하지 않네. '자식을 갖는 것 같은 경험은 다시 없지요'라고만 간단하게 말해. 정말 그래. 그 경험을 대신할 만한 것은 없어. 친구랑도 그런 경험은 할 수 없지. 애인이랑도 할 수 없어. 타인에 대해 완벽한 책임감을 경험하고 싶다면, 그리고 사랑하는 법과 가장 깊이 서로 엮이는 법을 배우고 싶다면 자식을 가져야 하네."

— 미치 앨봄 〈모리와 함께 한 화요일〉

다락원 명작노트 029

리어 왕

펴낸이 정효섭
펴낸곳 (주)다락원

초판 1쇄 인쇄 2007년 1월 29일
초판 1쇄 발행 2007년 2월 5일

책임편집 안창열, 김지영
디자인 손혜정, 박은진
번역 황의방
삽화 손창복

다락원 경기도 파주시 교하읍 문발리 509-1
Tel:(02)736-2031 Fax:(02)732-2037
(내용문의: 내선 520/구입문의: 내선 113~114)
출판등록 1977년 9월 16일 제300-1977-23호

Copyright © 2007, 다락원

출판사의 허락 없이 이 책의 일부 또는 전부를
무단 복제·전재·발췌할 수 없습니다.
잘못된 책은 바꿔 드립니다.

값 8,500원

ISBN 978-89-5995-144-4 13740

패턴 따라 쉽게 쓰는 틴틴 영어일기 1, 2

❶ 일상생활 패턴정복
❷ 학교생활 패턴정복

중학교에 다니는 여학생과 남학생이 각각 일상생활과 학교생활을 중심으로 1년간의 일을 쉽고 재미있게 쓴 영어일기. 중학생이라면 누구나 한번쯤 겪어봤을 만한 일들을 바탕으로 한 다양한 일기 소재와 어휘가 제공되어 있기 때문에, 영어일기를 통해 영작을 연습하려는 학습자에게 큰 도움이 될 수 있는 교재이다. 중·고생뿐만 아니라, 중학 영어를 미리 예습하려는 예비 중학생들에게도 아주 효과적인 영어 학습서로 강추!

□ 정미선 지음 / 4·6배 변형 / 192면
□ 정가 10,000원 (오디오 CD 1개 포함)

Teen Teen Diary (전3권)

❶ 매일 10단어로 뚝딱 중학생 영어일기

중1 수준의 어휘와 문장으로, 영어일기와 일상회화에 대한 감각을 익힌다.

□ 정미선 지음 / 신국판 / 144면
□ 정가 7,500원 (테이프 1개 포함)

❷ 매일 5문장으로 술술 중학생 영어일기

중2 수준의 어휘와 문장으로, 영어일기에 친숙해지고 자신감을 쌓는다.

□ 정미선 지음 / 신국판 / 152면
□ 정가 7,500원 (테이프 1개 포함)

❸ 매일 내맘대로 쓱싹 중학생 영어일기

중3 수준의 어휘와 문장으로, 중학영어를 마스터하고 미국의 일상회화에 익숙해진다.

□ 정미선 지음 / 신국판 / 144면
□ 정가 7,500원 (테이프 1개 포함)

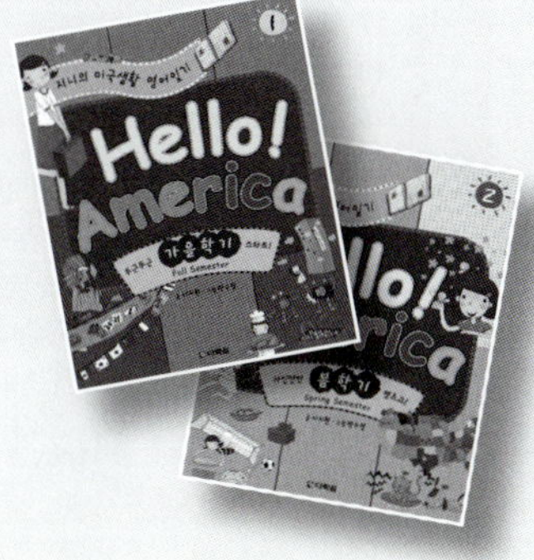

지니의 미국생활 영어일기 Hello! America (전2권)

❶ 가을학기   ❷ 봄학기

어느 한국 여학생의 미국생활 이야기를 일기 형식으로 담은 책. 1권은 '가을학기', 2권은 '봄학기'편으로, 총 1년간의 미국 학교생활 및 일상생활에 관한 흥미로운 이야기들이 담겨 있다. 미국 학생들의 실생활을 바탕으로 한 탄탄한 스토리로 살아 있는 현지 영어와 미국문화를 체험할 수 있을 뿐만 아니라, 영어 독해 및 영작 연습을 할 수 있는 아주 유용한 교재이다.

□ 이지현 지음 / 국배판 변형 / 152면
□ 정가 8,500원

〈행복한 명작 읽기〉는 기초가 약한 영어 초급자나 초, 중, 고 학생들이 보다 즐겁고 효과적으로 명작들을 읽으며 독해력을 키울 수 있도록 개발된 독해력 증강 프로그램입니다.

책의 특징

1 골라 읽는 재미가 있다. 초보자를 위한 350단어 수준에서 중고급자를 위한 1,000단어 수준까지 5단계 구성.

2 단계별로 효과적인 영어 읽기 요령과 영문 고유의 참맛을 느낄 수 있는 장치가 곳곳에.

3 읽기만 해도 영어의 키가 쑥쑥 - 해석을 돕는 돼지꼬리(ↄ), 영어표현 및 문법 설명, 퀴즈가 왕창.

4 체계적인 듣기 학습까지. 전문 미국 성우들의 생동감 넘치는 원음을 담은 오디오 CD 제공.

왕초보 기초다지기

쉬운 영문을 통해 영어 독해에 대한 막연한 두려움을 없앤다.

Grade 1 — Beginner 350 words

1 미녀와 야수
2 인어공주
3 크리스마스 이야기
4 성냥팔이 소녀 외
5 성경 이야기 1
6 신데렐라
7 정글북
8 하이디
9 아라비안 나이트
10 톰 아저씨의 오두막

Grade 2 — Elementary 450 words

11 이솝 이야기
12 큰 바위 얼굴
13 빨간머리 앤
14 플랜더스의 개
15 키다리 아저씨
16 성경 이야기 2
17 피터팬
18 행복한 왕자 외
19 몽테크리스토 백작
20 별 | 마지막 수업

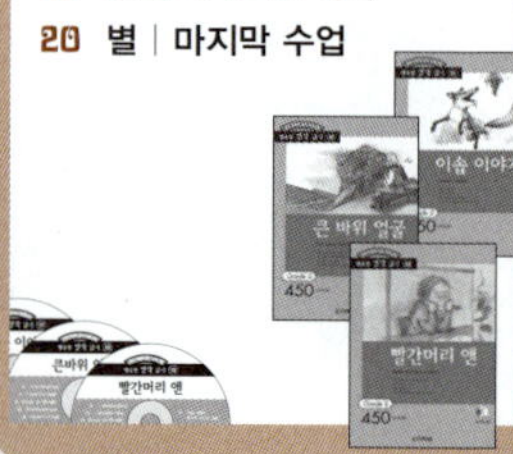

국판 | **Grade 1, 2, 3** 각권 6,000원
(오디오 CD 1개 포함)

Grade 4, 5 각권 7,000원
(오디오 CD 1개포함)

*어린왕자 8,000원
(오디오 CD 2개 포함)

**고도를 기다리며 9,000원
(오디오 CD 2개 포함)

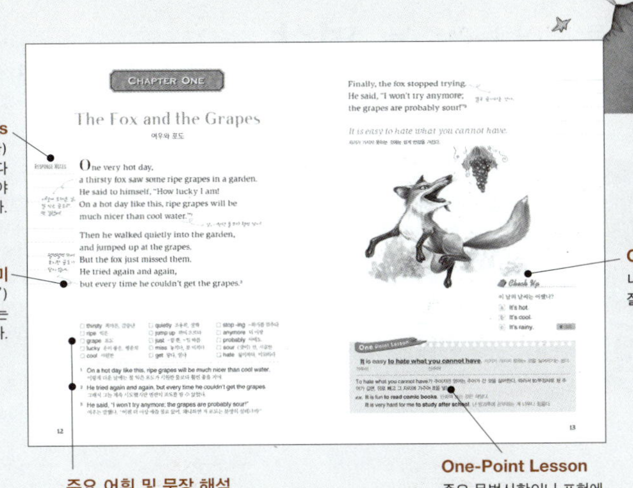

Response Notes
(독자의 공간)
영문을 읽어나가다
궁금한 점, 기억해 두어야
할 점을 메모한다.

해석 도우미
(일명 '돼지꼬리')
꼬리 끝에 해석을 돕는
힌트가 꽂혀 있다.

Check-Up
내용 파악이
잘 되었는지 확인.

주요 어휘 및 문장 해석

One-Point Lesson
주요 문법사항이나 표현에
대한 심층 분석 코너.

실력 굳히기

실력에 맞게 효과적으로 끊어 읽으며 직독직해 훈련을 한다.

영어의 맛
제대로 느끼기

영문판 원서 도전을 위한
전 단계의 준비과정이다.

Grade 3 Pre-intermediate

600 words

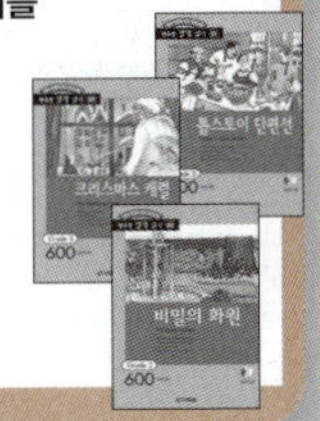

Grade 4 intermediate

800 words

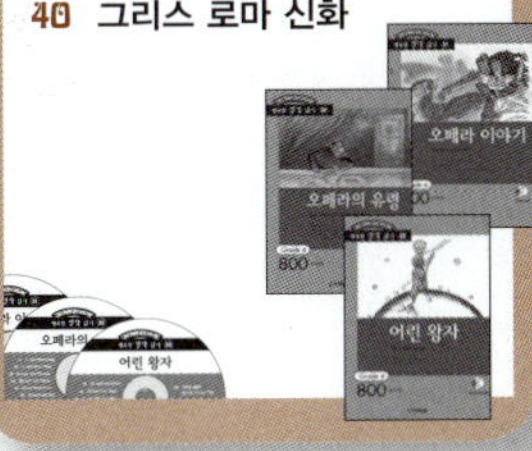

Grade 5 Upper-intermediate

1000 words

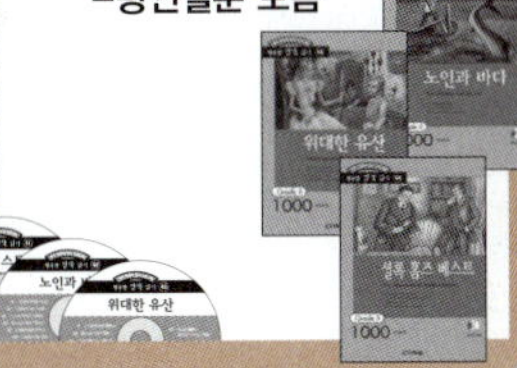

콕콕 찍어 들려주는 명작 리스닝 시리즈 [전20권]

세계 명작소설을 쉽게 고쳐 쓴 중·고생용 학습 교재. 독해와 함께 청취력 향상을 위해 전 내용을 녹음하고, 매 페이지에 리스닝 포인트를 두어 한국인이 듣기 어려운 부분은 또박또박한 발음으로 반복해 들려준다. 권말에는 영어듣기 테스트를 수록해, 입시에서 점점 비중이 높아지는 듣기시험에 대비하도록 했다.

□ 각 권 4·6판 / 140면 내외
□ 정가: 각 권 5,800원 (테이프 2개 포함)

① 이상한 나라의 앨리스 / 백설공주와 일곱 난쟁이
Alice's Adventures in Wonderland /
Snow White and the Seven Dwarfs

② 이솝 우화
Aesop Fables

③ 그림 동화집 / 잭과 콩나무
Grimms Fairy Tales / Jack and the Beanstalk

④ 재미있는 이야기 / 미녀와 야수
Famous Stories / Beauty and the Beast

⑤ 알라딘과 요술램프 / 이른 아침의 살인
Aladdin and the Magic Lamp / Dead in the Morning

⑥ 오즈의 마법사 / 흑마 이야기
The Wonderful Wizard of Oz / Black Beauty

⑦ 걸리버 여행기 / 쉽게 번 돈
Gulliver's Travels / Fast Money

⑧ 거울 속의 앨리스 / 정원
Through the Looking Glass / The Garden

⑨ 피터 팬
Peter Pan

⑩ 큰 바위 얼굴 / 크리스마스 선물 /
알리바바와 40인의 도적들
The Great Stone Face / The Christmas Present /
Ali Baba and the Forty Thieves

⑪ 돈키호테 / 헨리 포드 이야기
Don Quixote / Tin Lizzie

⑫ 로빈 후드 / 어느 병사의 죽음
Robin Hood / Death of a Soldier

⑬ 신문 배달 소년 / 긴 터널 / 몰리의 순례자
Newspaper Boy / The Long Tunnel / Molly Pilgrim

⑭ 언덕 위의 집 / 헤라클레스
The House on the Hill / Hercules

⑮ 우주 도시로의 여행 / 요술 정원
Journey to Universe City / The Magic Garden

⑯ 마르코 폴로 / 크리스토퍼 콜럼버스 /
올리버 트위스트
Marco Polo / Christopher Columbus / Oliver Twist

⑰ 삼총사 / 레슬러
The Three Musketeers / The Wrestler

⑱ 불의 전차
Chariots of Fire

⑲ 런던 경시청 이야기 / 아서 왕
The Story of Scotland Yard / King Arthur

⑳ 도난당한 편지 / 붉은 머리 사교회 /
트래버스 씨의 첫사냥
The Stolen Letter / The Society of Red-Headed
Men / Mr. Travers First hunt